de Deltawerken

de Deltawerken

TECHNIEK, POLITIEK, ACHTERGRONDEN

Hilde de Haan

Ids Haagsma

Waltman - Delft

ISBN: 90 212 3092 5

© Tekst: Architext – Haarlem, 1984

© Afbeeldingen: zie Aanhangsel

© Boekuitgave: Uitgeverij Waltman – Delft, 1984

Vormgeving: Jos. A. van Eunen
Ids Haagsma
Hilde de Haan

Druk: Meinema, Delft

Inhoud

Vooraf

In de nacht van 31 januari op 1 februari 1953 zwiepte een zware noordwesterstorm het door de stand van de maan toch al zo hoge water op tot ongekende hoogtes. Grote delen van zuidwest Nederland liepen onder water, 1835 mensen vonden de dood. Eensgezind vond men in Nederland dat zoiets niet meer moest voorkomen en een kostbaar, zeer langdurig project werd begonnen om Nederland nog beter tegen de zee te beschermen: het Deltaplan.

Op 23 juni 1984 zegt E. C. Boissevain, de woordvoerder van de gezamenlijke actiegroepen die zich verzet hebben tegen een dichte dam in de Oosterschelde, dat hij grote bezwaren heeft tegen de in aanbouw zijnde stormvloedkering: 'De pijlers die er nu staan en de drempels in de dam onder water, houden al veel tegen. Als je dan de partiële dijkverhoging meerekent, is dat voldoende om ons ook bij stormvloed te beveiligen.' Hij is bang dat de beweegbare stormvloedkering te vaak en te langdurig worden neergelaten zodat het milieu ernstige schade zal ondervinden: 'Zelfs als het water maar twaalf uur stilstaat, treedt al sterfte op onder mosselen, oesters en vissen', zegt hij bezorgd.

Tussen die twee momenten ligt de geschiedenis van de Deltawerken zoals beschreven in dit boek. Niet alleen bezien vanuit de techniek, maar ook vanuit de geschiedenis, de politiek en het milieu. Ieder hoofdstuk heeft aan het eind een samenvatting in het Engels en het Duits, terwijl op de pagina's 18 t/m 27 en in het hoofdstuk 'De Deltawerken' afzonderlijke samenvattingen in deze talen zijn opgenomen.

Haarlem, juli 1984   Hilde de Haan
                                      Ids Haagsma

24 april 1961: met man en macht wordt het laatste van de zeven doorlaatcaissons in het Veerse Gat geplaatst.

April 24, 1961: with man and power the last of the seven culvert caissons is placed in the Veerse Gat.

24. April 1961: Mit Mann und Macht wird das letzte der sieben Durchlaßcaissons ins Veerse Gat hinabgelassen.

Each chapter contains at the end a summary in English and German, while on pages 18 through 27 and in the chapter 'The Delta Projects' separate summaries are included in these languages.

Jedes Kapital enthält am Ende eine Zusammenfassung in englischer und deutscher Sprache, während auf den Seiten 18-27 sowie im Kapitel 'Die Delta-Werke' getrennte Zusammenfassungen in diesen Sprachen aufgenommen wurden.

Geschiedenis

Pagina 8-9: 15 januari 1808, watersnood in de Palingstraat van Vlissingen.
Hieronder: Al in 1647, maar ook in recenter tijd, in 1970 en in 1971, werden in Zeeland verschillende offertafels gevonden. Deze stenen altaren waren gewijd aan de Germaanse godin Nehalennia. De godin is afgebeeld in staande en zittende houding met een schoudermantel, een korf met vruchten in de hand en een hond of ook wel een scheepsvoorsteven.
Zij was – vermoedelijk – de godin van de vruchtbaarheid, zeevaart en handel, ofwel de godin van de behouden vaart. De altaren worden gedateerd rond het begin van de tweede eeuw van onze jaartelling en ze zijn een bewijs te meer dat er in die tijd in zuidwest Nederland een florerende cultuur was. De Romeinen hadden zich in dit gebied gevestigd en vele hedendaagse namen moeten toen hun oorsprong hebben gevonden. Zo moet de huidige naam Roompot (een gedeelte van de Oosterschelde) een verbastering zijn van Romanorum Portus: Romeinse haven.
De oorspronkelijke altaren die in 1647 bij Domburg werden gevonden, zijn bij een brand op Oudejaarsnacht 1848/49 vernield, maar daarvoor waren er al goede beschrijvingen van gemaakt. De nieuwe vondsten liggen in het Rijksmuseum van Oudheden in Leiden.

ZEE, RIVIEREN EN LAND. En daarbij nog eens de mens. Nederlanders is al op de lagere school ingeprent dat dit de factoren zijn die hun land hebben gemaakt. Vaak werd hen geleerd vooral trots te zijn op hun voorgangers die toch maar dit land aan het water hebben ontfutseld. Wie de geschiedenis nauwkeuriger bestudeerd, merkt dat die voorgangers zelf nogal eens de oorzaak waren, dat dit land ook weer aan het water werd prijsgegeven. Een eeuwenlange competitieslag is het geweest, waarbij de mens maar langzaam en al doende een klein beetje greep kreeg op het geheel.

Het meest komt die competitie tussen zee, rivieren, land en mens tot uiting in het zuidwesten van Nederland. Neem nu die rivieren: Rijn, Maas en Schelde zoeken in dit gebied hun weg naar de zee en al zo'n miljoen jaar lang bedekken ze het gebied met grind, zand en klei. Geregeld overstroomde de zee dit prille waddengebied, maar wanneer het water zich weer terugtrok bleef een laag aangeslibd klei op het land achter. Een spel van rivieren en zee waartussen het drassige land zich in grillige, onvoorspelbare omvang staande hield.

Zo'n 9000 jaar voor het begin van onze jaartelling moeten mensen zich in dit gebied hebben gewaagd, al is daar nog niet veel van bekend. Opgravingen hebben uitgewezen dat zeven duizend jaar later aan de kust boeren hun bestaan hadden; meer is bekend uit de tijd van de Romeinen die heel wat sporen in dit gebied hebben achtergelaten. Zij troffen in dit gebied nog de oude duinenrij aan en zij waren het ook die hier de eerste dijken aanlegden. Aardenburg, Domburg en Vlissingen waren Romeinse nederzettingen die behoorlijk floreerden. Dat dit mogelijk was, ligt voornamelijk aan het feit dat de zeespiegel toen nog zo'n anderhalve meter lager stond dan nu.

Het gebied kreeg echter steeds meer te maken met overstromingen door de zogenaamde transgressies: perioden waarin het waterpeil voortdurend stijgt. Het is in die tijd geweest dat de grote zeearmen ontstonden. Tussen ruwweg de jaren 300 en 700 moet dit gebied daarom voor de mens onbewoonbaar zijn geworden; er zijn althans geen aanwijzingen dat er in die tijd mensen aan de kust van zuidwest Nederland hebben gewoond.

VANAF DE ACHTSTE EEUW is de mens er terug op de verspreid liggende eilanden zoals Walacra (Walcheren), Brinsilla (Borssele), Bivelandia (Beveland) en Scaldia (Schouwen). Het land bestaat dan uit slikken (onbegroeid) en schorren (begroeid) die geregeld onder water lopen met daartussen talrijke stromen en kreken. De bewoners raken vaak geconfronteerd met hoog water en ze bouwen daarom vliedbergen, hoger gelegen stukken grond waarheen ze met hun vee naar toe kunnen vluchten.

Overstromingen nemen zelfs in omvang toe en vaak is de mens zelf daarvan de oorzaak. Het gebied was veenachtig en juist dat veen werd door de mens afgegraven om er het zout te winnen voor de haringvangst. Tegelijk probeert men het land bewoonbaar te maken door de veengronden te draineren. De gevolgen zijn rampzalig: het weggraven geeft putten en door het draineren werd het veen droger, kromp (inklinking) en het zakte dieper weg. De zee kreeg vrij spel over het land en bedekte het met zeeklei en zeezand.

Rond het jaar 1000 wordt begonnen met de aanleg van dijken, waarbij de vele kloosterorden in dit gebied een belangrijke rol spelen. Dat gaat nog tamelijk primitief: met een schop en wat manden vol klei worden langgerekte ophogingen gemaakt, een moeizaam werk dat later vergemakkelijkt wordt als de kruiwagen zijn intree doet.

Die dijken lijken een bescherming te bieden tegen het zeewater, maar ze brengen een probleem met zich: het regenwater kan nu nauwelijks meer wegstromen terwijl de zee ook niet langer meer het slib afzet. Het droger wordende land zakte snel in, en in plaats van bescherming geven de dijken overlast. Sluizen bieden enig soelaas, maar niet voldoende.

Om alles goed te laten verlopen is er een organisatie nodig die het beheer van de dijken en de landen daarachter grootser aanpakt. De graven en hun ondergeschikten, de ambachtsheren, stellen daarom dijkgraven aan die worden bijgestaan door gezworenen of heemraden. Het unieke van dit dijkbeheer – feitelijk het begin van de nog altijd bestaande waterschappen – is de rol van het gewone volk. Zij zijn het die het bestuur van die eerste organisaties vormen en zelf zorgen ze gezamenlijk voor de benodigde gelden. Adel en geestelijkheid worden er nauwelijks in gekend.

HET ZUIDWESTEN VAN NEDERLAND wordt er bewoonbaar door en het raakt dichter bevolkt. Steden ontstaan: zo krijgt Middelburg in 1217 stadsrechten, Dordrecht in 1221, Zierikzee in 1236 en een eeuw later krijgen Brielle (1306) en Rotterdam (1340) de stadsoorkonde. Het gebied drijft handel met Engeland, het westelijke Middellandse-Zeegebied en de Oostzee.

De bedijking raakt in de vijftiende en zestiende eeuw omvangrijker, vooral door de toepassing van windwatermolens, maar nog altijd hebben de bewoners geen voldoende inzicht in de gevaren die dat met zich brengt. Nieuwe dijken worden aangelegd waarna de oudere worden gesloopt: zo wordt de bescherming van een steeds groter gebied erg dun. Het is niet verwonderlijk dat juist dan grote overstromingen ontstaan en dat stukken land voorgoed verdrinken.

Vanaf het midden van de zestiende eeuw wordt het dijkbeheer meer gezamenlijk aangepakt. Er wordt op veel plaatsen een eind gemaakt aan het gebruik dat alleen de direct belanghebbenden (zij die vlak achter een dijk wonen, en dat zijn meestal niet de rijksten) financieel moeten bijdragen aan het beheer van de dijken. Achterliggende polders worden nu gedwongen mee te betalen aan de zeeweringen.

Dat maakt het mogelijk dat rond 1600 op verschillende plaatsen heel systematisch tot bedijking wordt overgegaan (Noord-Beveland, Borssele) en tussen Schouwen en Duiveland bijvoorbeeld wordt in 1610 de Gouwe door de Statendam afgesloten waardoor deze twee eilanden een geheel vormen. Het inzicht in het geheel van dijken, inpolderingen, afvoer van water en zeeweringen groeit gestaag en vanaf de zeventiende eeuw begint het zuidwesten van Nederland het hedendaagse karakter te krijgen.

Al gaat de ontwikkeling geleidelijk. In de zeventiende en achttiende eeuw wordt weliswaar ruim 60.000 hectare aan land van de zee gewonnen, maar er zijn ook tegenslagen. In de achttiende eeuw kampt men op grote schaal met de paalworm, een beestje dat de houten palen in de dijken aanvreet.

In de Franse tijd wordt het beheer van de zeeweringen meer centraal aangepakt en er ontstaat een landelijke dienst voor de waterstaat. Het aanleggen van polders wordt gemechaniseerd door de invoering van het stoomgemaal. Grotere en diepere polders zijn dan mogelijk, wat bijvoorbeeld blijkt uit de aanleg in 1874 van de Prins Alexanderpolder nabij Rotterdam die ruim zes meter onder het zeeniveau komt te liggen. Dankzij ervaring gekoppeld aan nieuwe kennis

Abildung deren höchst schädliche ünbekandten See-Würmer, welche aus West-Indien sie erst nach Ost-Friesland, in den Texel, und Amsterdam gekomen, und allvorten unbeschreibliche Schaden verusachet.

en uitvindingen weet de mens zich steeds beter in dit gebied staande te houden.

MET DE INDUSTRIËLE REVOLUTIE gaat niet alleen de mechanisering een rol spelen bij het weren van de zee, maar er wordt ook bewust onderzoek gedaan naar verbeteringen. In het begin van deze eeuw is het vooral ingenieur R. R. L. de Muralt die vele uitvindingen op zijn naam brengt ter verbetering van de zeeweringen. Hij maakt gebruik van gewapend beton om de dijk- en duinglooiingen te verstevigen en om strand- en zeedammen aan te leggen die de golven moeten breken. Achteraf blijkt de kennis van gewapend beton nog te gering om echt langdurige resultaten te krijgen, maar het principe zelf is houdbaar.

Het verbeteren van zeeweringen vindt in die tijd nog plaats door een aanpassing aan de laatst gemeten hoogwaterstand. Na de stormvloed van 12 maart 1906 blijken vele dijken weer te laag, maar veel geld voor verhoging is er niet. De Muralt stelt daarom voor de dijken aan de kruin te voorzien van betonnen muurtjes die het hogere water kunnen keren. Nog altijd zijn - vooral op Schouwen - deze De Muralt-muurtjes aanwezig.

De grote overstromingsramp van 1916 - die grote delen rond de Zuiderzee teistert - is de aanleiding dat Cornelis Lely (1854-1929) als Minister van Waterstaat het besluit neemt de Zuiderzee van de zee af te sluiten met een dam tussen de kop van Noord-Holland en Friesland. Lely wist waarover hij sprak. Als waterstaatkundige had hij voor de Zuiderzeevereniging bestudeerd hoe deze zee-inham af te sluiten en in te polderen is.

De aanleg van een afsluitdijk aan de monding van de Zuiderzee was een waterbouwkundig probleem. Bij de bouw ervan zou een steeds sterkere stroom door een steeds kleiner wordend gat ontstaan. Bovendien was men bevreesd voor hogere waterstanden aan de noordelijke kust van Friesland. Een staatscommissie onder voorzitterschap van H. A. Lorentz (1853-1928) onderzocht de problemen en kwam tot de conclusie dat het voorstel van Lely uitvoerbaar was.

Op 28 mei 1932 is het laatste gat in deze 30 kilometer lange dijk gedicht en de landelijke dienst voor de waterstaat aan wie het karwei was opgedragen - Rijkswaterstaat - is dan verrijkt met een schat aan kennis en ervaring in het leggen van dijken in een zeemonding.

De paalworm wordt rond 1731 de schrik van de dijkenbouwers. Zozeer wekt het beestje opschudding dat in het buitenland er uitvoerig over wordt geschreven: 'Abildung deren höchst schädliche önbekandten See-Wörmer, welche aus West-Indien sie erst nach Ost-Friesland, in den Texel und Amsterdam gekomen, und allvorten unbeschreibliche Schaden verusachet.'

In werkelijkheid is de paalworm (Teredo navalis) een tweekleppig weekdier, een schelp, dat eruit ziet als een worm. De schelp is heel klein en bevindt zich aan de kop. Met die schelp boort het beestje - dat als volwassene ongeveer 8 centimeter lang is - zich door het hout en daar zoekt het telkens nieuwe wegen. Uiterlijk blijft het hout gaaf, maar binnenin wordt het uitgehold door een fijnvertakt gangenstelsel.

In 1731 werd het gevaar voor het eerst onderkend bij de Westkapelse zeedijk maar tot op de huidige dag moet er rekening met het schelpje gehouden worden. Bij de aanleg van de Afsluitdijk bleken de rijshouten zinkwerken ermee aangetast.

De afsluiting van de Zuiderzee begon met het inpolderen van de Wieringermeer in de kop van Noord-Holland. Om het meer werd een dijk aangelegd waaraan twee gemalen werden gebouwd in een bouwput. Op de bovenste foto het gemaal Lely (nabij Medemblik, architect D. Roosenburg) in januari 1930, nadat de ringdijk van de bouwput was doorgestoken. Het gemaal begint nu het water uit de Wieringermeer (links) over te pompen naar de Zuiderzee (rechts) totdat de nieuwe polder is drooggevallen. Rechts: de bouw van de Afsluitdijk was toen al begonnen: een 30 kilometer lange dam tussen Wieringen en Friesland met een hoogte van aanvankelijk 7 meter 10 boven NAP. Men begon met de aanleg van traditionele stukken dijk op ondiepe gedeeltes (zie pagina 14). In de overblijvende, diepere stukken bracht men onder water een beteugelingsdam aan, een soort drempel die het uitschuren van de bodem door de sterker wordende stroming moest tegengaan. Door zand en keileem in de laatste gaten te storten met een snelheid hoger dan waarmee de stroming het aangevoerde materiaal wegsloeg, kon op 28 mei 1932 de dam worden gedicht.

De Afsluitdijk was nog een
'traditionele' dijk, opgebouwd
uit zand en keileem. Toch
was deze dijk al het begin
van een nieuw tijdperk: de
bouw ervan was tot stand
gekomen na jarenlange
analyses en studies van
bestaande dijken.
Rechts – van boven naar
beneden – de opbouw van
begin tot eind.

1. het wegbaggeren van niet
   zo stevige grond;
2. in het gat wordt zand
   gestort met dekschuiten;
3. op het zand worden
   dammen van keileem
   gestort;
4. in de voet van de dijk
   worden verstevigingen
   aangebracht;
5. over de verstevigde voet
   worden matten gelegd van
   gevlochten rijshout dat
   met stenen is verzwaard.
   Op de foto rechtsonder
   worden zulke 'zink-
   stukken' gemaakt. Het
   waren deze 'matten' die
   door paalworm waren aangetast;
6. via pijpleidingen wordt
   zand tussen de dammen
   geperst;
7. keileem over het zand;
8. de dijk wordt versterkt
   met stenen en blokken
   basalt;
9. de laatste laag klei wordt
   aangebracht.

Onder: de Afsluitdijk gereed
met de uitkijktoren van
architect W. M. Dudok.

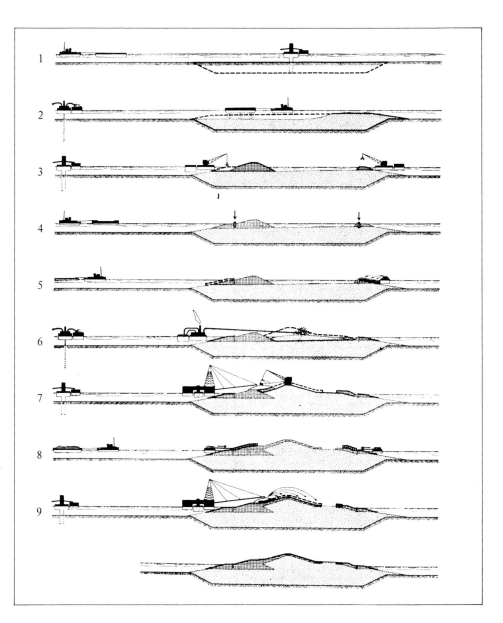

Hoewel de verdere Zuiderzeewerken (de inpoldering van de IJsselmeerpolders) veel mankracht en financiën vergt, blijft Rijkswaterstaat ook de situatie in zuidwest Nederland bestuderen. In 1929 schrijft G. P. Nijhoff in opdracht van het Departement van Waterstaat de 'Nota betreffende de noodzakelijkheid van een systematisch onderzoek van de Westerschelde'. Nijhoff bepleit een studie naar een zo volledig mogelijk inzicht in het mechanisme van de getijwateren om de vaargeulen te kunnen handhaven en te verbeteren.

Nijhoff wordt krachtig gesteund door de directeur-generaal van Rijkswaterstaat, J. A. Ringers. Op aandringen van J. F. Schönfeld wordt het onderzoeksterrein zelfs uitgebreid en de 'Studiedienst van de Zeearmen, Benedenrivieren en kusten' wordt opgericht.

Maar eerder al, in 1920 deed J. J. Canter Cremers proefnemingen in de Nieuwe Waterweg om de getijden te berekenen en de zoute onderstroom te bestuderen. Hij was ervan overtuigd dat op wetenschappelijke wijze de getijden konden worden berekend. Later onderzoek van Lorentz bevestigde dit ruimschoots.

In 1929 wordt J. van Veen opgedragen het werk van Canter Cremers voort te zetten en hij is het die begint met nog uitgebreidere metingen.

AANVANKELIJK LIJKEN ALLE STUDIES erop gericht de scheepvaartbelangen te dienen: de toegangen tot de havens moeten verzekerd en verbeterd. Omdat de bouwaannemers in die tijd veel behoefte hebben aan zand, vragen zij de Waterweg te mogen uitbaggeren. De toegang tot de havens lijkt daardoor geen probleem meer op te leveren en de Studiedienst verlegt zijn aandacht naar de kust en de zeegaten. Er wordt dan veel theoretisch materiaal verzameld over de getijwateren en het verloop van zand, maar de behoefte groeit om de kennis praktisch toe te passen. Gedacht wordt aan de afdamming van de Brielse Maas, een langzaam stervende riviermond die was overvleugeld door de Nieuwe Waterweg. Dat onderwerp werd in de eerste plaats gekozen vanwege de kustverkorting en vanwege de mogelijkheden van landwinning. Verder wordt gedacht aan een plan om Walcheren met Noord- en Zuid-Beveland een waterstaatkundig geheel te laten vormen. Ook hier het motto: kustverkorting en mogelijke landaanwinning.

Cornelis Lely is voor velen de 'geestelijke vader' van de Zuiderzeewerken. Zo'n vader is van de Deltawerken minder bekend. Natuurlijk, een dergelijk project kent vele geestelijke vaders; toch is er een die opvalt: Johan van Veen (1893-1959). Van Veen trad in 1929 in dienst van Rijkswaterstaat; door middel van metingen bestudeerde hij de water-, zout- en zandbewegingen op de beneden-rivieren. In de jaren dertig waarschuwde hij dat uitbaggeren van de zeearmen het evenwicht in het Deltagebied verstoorde en in 1937 stelde hij dat de zeewering van zuidwestelijk Nederland te laag waren. In 1942 werd Van Veen hoofd van de Studiedienst van de Directie Benedenrivieren, mede dankzij zijn uitgebreide studies van de getijbewegingen waarop hij in 1936 promoveerde. Latere studies van hem maakten gebruik van een hydraulisch model van de beneden-rivieren in het Waterloopkundig Laboratorium van Delft.

Van Veen zocht naar betere onderzoeksmethoden en vond deze in de analogie tussen waterstromen en elektrische stromen. Op zijn initiatief werd een elektrisch getijmodel gebouwd.

Eerder, in 1939, werd hij secretaris van de Stormvloedcommissie die stormvloeden mogelijk achtte van 4 meter boven NAP. Zo'n 'superstorm' werd in 1953 werkelijkheid.

In de jaren veertig en begin jaren vijftig gaf Van Veen leiding aan de studies naar de verschillende mogelijkheden om zuidwest Nederland beter tegen het water te beschermen (zie pagina 18 en verder). In 1953 sprak het daarom vanzelf dat Van Veen lid werd van de Deltacommissie.

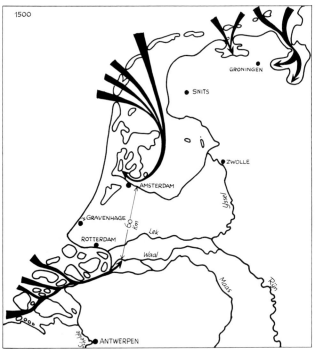

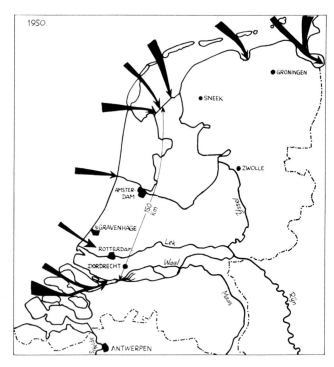

Al in 1667 schreef Hendric Stevin (1614-1670, zoon van Simon Stevin) in zijn boek 'Wisconstich en Filosofisch Bedrijf': 'Men sal eerst de Noortzee van de Zuyderzee afscheyden, dammende alle gaten van Staelduynen over Texel, Eyerlant, Vlielant, Derschillingen en Amelant, en sluytende dit aen Vrieslant. En stellen in zo veel gaten sluysen, om daer deur in de Noortzee uyt te lopen en by ebwater te lossen, als genoeg is. Ende hier mee sal openbaerlic de Zuydzee genoegsaem altoos op het laagste ebwater connen gehouden, en (deur dien men noeyt Zoutwater in laten en gedeurig versch rivierwater toe vloeyen sal) metter tyd versch worden: Ja ongetwijfelt veel gronts bequaem om bedijken te leveren.'

Het is niet alleen opvallend dat Stevin toen al, in 1667, bedacht de Waddenzee in te polderen, maar vooral dat hij dit voorstelde met het oog op 'hoe het ghewelt en vergif der Noortzee uytter Verenigt Nederlant te verdrijven sy.'

Verzilting was toen al een groot probleem en Nederland werd van alle kanten door zout water besprongen (kaart linksboven).
Vanuit dit oogpunt is het enigszins verbazingwekkend dat de Studiedienst van Rijkswaterstaat pas in 1936 door een buitenstaander werd gewezen op het probleem van de verzilting van Voorne en Westland. Toen men evenwel oog had voor dit probleem, zag men al gauw de ernstige omvang er van in. Het zoute zeewater dringt door de daling van de bodem steeds meer het land in en het zoete water – dat het zoute water kan tegenhouden – wordt steeds minder: de consumptie van zoet water stijgt met de groei van de bevolking en de welvaart, maar bovendien wordt het van nature zoete rivierwater ernstig verzilt door lozingen van de industrie.
Vanaf het einde van de jaren dertig gaat het terugdringen van de zoutgrens een steeds belangrijker plaats in de plannen innemen.

In de manier van denken over de verbetering van de zeewering ontstaat in die tijd verandering. Ging men er vroeger vanuit de dijken aan te passen aan de laatst voorgekomen hoogste waterstand, nu wordt er analytischer gewerkt: men becijfert hoe hoog een zeewering theoretisch moet zijn. Daarbij worden veel factoren gewogen: de daling van de bodem, de hoogst mogelijke waterstand, de invloed van een storm.
In 1939 wordt officieel de 'Stormvloedcommissie' ingesteld en hoewel deze nooit een verslag heeft gepubliceerd, neemt de commissie de nieuwe gedachtengang over en vertaalt hem in concrete cijfers: een hoogwaterstand bij Hoek van Holland van 4 meter boven NAP – maar liefst 72 centimeter hoger dan de hoogste vloed tot dan: 1894 – wordt mogelijk geacht: een 'superstorm'.
Met deze gegevens blijken de dijken op de Zuidhollandse eilanden veel te laag, terwijl een verhoging tot de gewenste hoogte praktisch onmogelijk is: de dijken zijn te oud en te veel bebouwd met huizen en bedrijven. Daarom wordt naar andere oplossingen gezocht. Dat zoeken vermeerdert geleidelijk het inzicht zodat steeds verdergaande plannen ontstaan.
Naast verbetering van de zeekering begint een ander aspect een rol te spelen. J. van Veen: 'Van doorslaggevende betekenis was bijvoorbeeld een bezoek dat de landbouwkundig ingenieur J. M. Riemens mij in

1936 bracht. Ik was bezig met het plan tot afdamming van de Brielse Maas en de heer Riemens had dit vernomen. Hij bracht mij op de hoogte van de noden van de tuinbouw op Voorne en in het Westland; er was geen zoet water genoeg. De afdamming van de Brielse Maas zou Voorne aan het zoete water kunnen helpen.' En Van Veen voegt daar nog aan toe: 'Zoutbestrijding en beveiliging tegen vloeden werden voortaan steeds samen genoemd, zoals zij al door Hendrik Stevin in 1667 in een adem werden genoemd: "het ghewelt en het vergif der Noortzee".'

TIJDENS DE OORLOG zet de studiedienst van Rijkswaterstaat zijn werk voort, maar de grootste verdieping van kennis gebeurt dan in het buitenland, met name in Amerika en Engeland. Daar is dankzij waterloopkundig onderzoek – nodig voor het welslagen van de grote amfibieoperaties in de oorlog – de kennis van golfverschijnselen enorm toegenomen.
Nederland zou die kennis al direct na de oorlog hard nodig hebben. De geallieerden bombardeerden in 1944 de dijken van Walcheren om Antwerpen beter bereikbaar te maken. Die dijkgaten moesten gedicht en daarbij kon een andere nieuwe techniek worden gebruikt: de caissons.
Nieuwe inzichten, nieuwe technieken, nieuwe plannen stapelden zich op.

In 1945 werden, in Walcheren, voor het eerst caissons gebruikt bij het sluiten van dijken. Dit eiland stond sinds oktober 1944 onder water nadat de geallieerden de dijken op vier plaatsen hadden vernield. Door de werking van de getijden waren de dijkgaten zozeer uitgesleten dat sluiting met zand, stenen of klei mislukte. De geallieerden stelden toen de caissons ter beschikking die zij bij de invasie voor de aanleg van hun havens hadden gebruikt.

Ook met deze caissons verliep het herstel van de dijken niet voorspoedig. In het begin spoelden ze almaar weg, toen koppelde men kleinere caissons aan elkaar (zie foto), en ging men steeds grotere caissons gebruiken. Het werken met caissons bleef moeizaam, ze waren niet voor dit doel ontworpen. Toch wist men uiteindelijk een ding zeker: zonder caissons had men het nooit geklaard.

Het eerste Viereilandenplan
(hiernaast) dateert van 1938,
maar al voor die tijd was de
aandacht op dit Zuid-
hollandse gebied gevestigd.
Zo werd bij Koninklijk
Besluit van 20 maart 1916 al
een commissie ingesteld
'inzake de hoge stormvloeden
op de Rotterdamsche Waterweg'. Vier jaar later bracht
deze commissie verslag uit
en in de daarop volgende
jaren werd verder onderzoek
verricht, met name door
J. J. Canter Cremers,
J. F. Schönfeld en
J. van Veen.
De laatste gaf leiding aan de
hiernavolgende plannen.

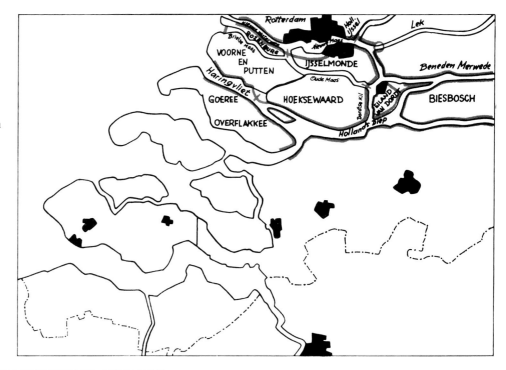

PLAN I   ENGLISH

In 1938 the idea was proposed to protect the islands Rozenburg, Voorne-en-Putten, Hoeksewaard and IJsselmonde with
a ring of dikes against the sea, making these four islands a single unit as to water works. The river Lek would be provided
with a storm tide dam; the island of Dordrecht was in this
vision seperately protected against storm floods by ring of
(heightened) dikes. The latter had as an objection that the
navigation from Dordrecht's harbour towards the sea was hindered by the dike ring around the four islands: the ships would
have to pass through two locks, namely from the Dordtse Kil
to the Oude Maas and from the Oude Maas to the New Waterway.

PLAN I   DEUTSCH

Im Jahre 1938 wurde die Idee geäußert, die Inseln Rozenburg, Voorne-en-Putten, Hoeksewaard und IJsselmonde
durch einen Ring von Deichen gegen die See zu schützen,
wodurch diese vier Inseln wasserbautechnisch eine Einheit
bilden würden. Der Fluß Lek sollte mit einer Sturmflut-
Schutzanlage versehen werden; die Dordrechter Insel wurde
in diesem Plan durch einen Ring von (erhöhten) Deichen getrennt gegen die Sturmfluten abgesichert. Letzteres hatte den
Nachteil, daß die Schiffahrt vom Dordrechter Hafen in Richtung See durch den Deichring um die vier Inseln behindert
werden würde: Die Schiffe müßten zwei Schleusen passieren,
und zwar von der Dordtse Kil zur Oude Maas und von Oude
Maas zum Nieuwe Waterweg.

PLAN I: VIER EILANDEN

Rijkswaterstaat hield zich in de jaren dertig al bezig
met studies naar een verbetering van de Zuidhollandse eilanden. Gezocht werd naar een vereenvou-
diging van de loop der dijken en naar een betere stroming van de rivieren. Dit laatste vooral als wapen
tegen de toenemende verzilting van het binnenland
door het steeds verder opdringen van zeewater.
In 1938 werd het idee geopperd de Zuidhollandse
eilanden Rozenburg, Voorne-en-Putten, Hoeksewaard en IJsselmonde door een ring van dijken tegen
de zee te beschermen. Door deze dijkring werden de
vier eilanden waterstaatkundig een geheel. De rivier
de Lek zou ter hoogte van de Noord worden voorzien
van een stormvloedkering; het Eiland van Dordrecht
werd in deze visie afzonderlijk tegen de stormvloeden beveiligd door een ring van (verhoogde) dijken.
Dit laatste had als bezwaar dat de scheepvaart vanuit
de Dordrechtse haven richting zee, gehinderd werd
door de dijkring rond de vier eilanden: de schepen
zouden twee sluizen moeten passeren, t.w. van de
Dordtse Kil naar de Oude Maas en van de Oude Maas
naar de Nieuwe Waterweg.

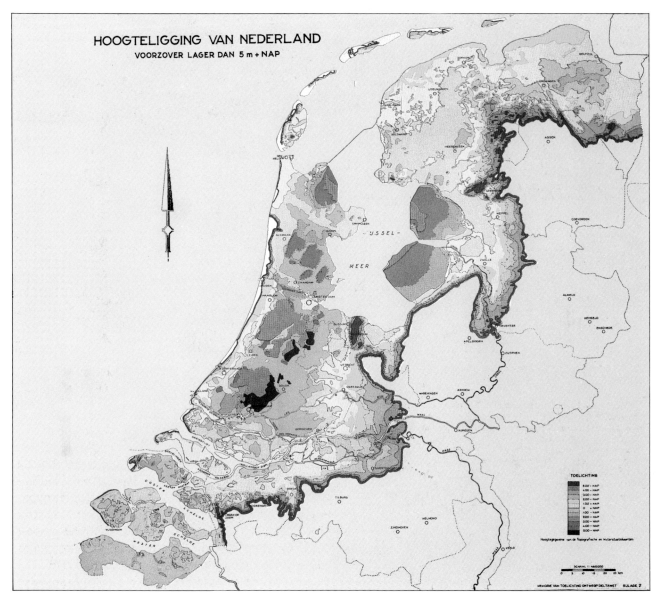

HOOGTELIGGING VAN NEDERLAND
VOORZOVER LAGER DAN 5 m + NAP

In de Memorie van Toelichting die de regering in 1957 verstrekte bij haar ontwerp voor de Deltawet, was een kaart opgenomen waarin gedetailleerd die gedeeltes van Nederland waren aangegeven die lager liggen dan 5 meter boven NAP.

NAP staat voor Normaal Amsterdams Peil en het is de hoogte waarmee alle waterstanden en bodemhoogtes in Nederland worden vergeleken. Aanvankelijk kwam het overeen met de gemiddelde hoogte van de vloed in het IJ bij Amsterdam voordat dit van de zee was afgesloten. Men plaatste in de stad een aantal merkstenen waarop dit gemiddelde peil was aangegeven.

In de loop der jaren namen steeds meer waterschappen, gemeentes en provincies dit Amsterdamse Peil (AP) als vergelijkingsmaatstaf over. In 1875 bestond er behoefte die diverse vergelijkingen nauwkeuriger te maken; er werd een Rijkscommissie ingesteld die nieuwe hoogtemerken instelde. Vanaf dan spreekt men van Nieuw Amsterdams Peil, wat later is veranderd in Normaal Amsterdams Peil. In de praktijk komt NAP overeen met het gemiddelde zeeniveau bij Den Helder minus 10 centimeter.

Op de kaart wordt duidelijk dat een groot gedeelte van Nederland onder water zou stromen als er geen zeeweringen zijn. Op heel wat manieren heeft men dit gegeven getracht te dramatiseren. In het museum in het vroegere stoomgemaal Cruquius van de Haarlemmermeer (nabij Heemstede), is een groot schaalmodel van Nederland waarmee men met een druk op de knop daadwerkelijk de laag gelegen delen onder water kan laten stromen.

Ter illustratie van het probleem van de verzilting is op deze kaart het verschil tussen zoet en zout water aangegeven.

Zonder de in dit plan voorgestelde aanpassingen zou ook de Brielse Maas, het Spui en de Oude Maas ten prooi blijven vallen aan de verzilting, waardoor met name de land- en tuinbouw op Voorne-en-Putten schade zou ondervinden.

In de volgende plannen wordt telkens getracht het gebied met zoet water uit te breiden.

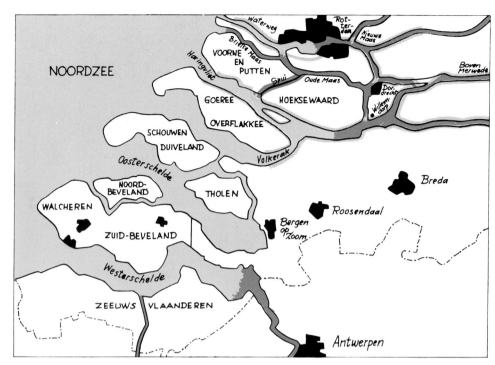

PLAN II

ENGLISH

Because of the objections to Plan I, the Five Island Scheme was developed in 1942. The dike ring around the four islands Rozenburg, Voorne-en-Putten, Hoeksewaard and IJsselmonde, was extended to include the island of Dordrecht. Since the harbour of Dordrecht was now located within the dike ring, the seaward ships would only need to go through one lock between the Oude Maas and the Waterway. Now, however, the navigation between Rotterdam and Antwerp would be hindered: locks in the dike ring at Dordrecht and Willemsdorp. Large advantage: the (fresh) water of the Boven Merwede at Dordrecht was branched off towards the Nieuwe Maas and Waterway; a good weapon in the battle against the oversalting of this arm of the sea.

PLAN II

DEUTSCH

Wegen der Schwierigkeiten des Planes I entstand 1942 der Fünf-Insel-Plan. Der Deichring um die vier Inseln Rozenburg, Voorne-en-Putten, Hoeksewaard und IJsselmonde wurde um die Dordrechter Insel erweitert. Da der Hafen von Dordrecht nun innerhalb des Deichringes lag, brauchten die Schiffe seewärts nur eine Schleuse zwischen Oude Maas und Waterweg zu passieren. Jetzt würde jedoch die Schiffahrt zwischen Rotterdam und Antwerpen behindert werden: Schleusen im Deichring bei Dordrecht und Willemsdorp, Großer Vorteil: das (suße) Wasser der Boven Merwede bei Dordrecht wurde in Richtung Nieuwe Maas und Waterweg abgebogen; eine gute Waffe im Kampf gegen die Versaltung dieses Seearmes.

PLAN II: VIJF EILANDEN

Vanwege de bezwaren van Plan I (de haven van Dordrecht vanuit zee slechts bereikbaar via twee sluizen), ontstond in 1942 het Vijfeilandenplan. De dijkring rond de vier eilanden Rozenburg, Voorne-en-Putten, Hoeksewaard en IJsselmonde, werd uitgebreid met het Eiland van Dordrecht. Omdat de haven van Dordrecht nu binnen de dijkring lag, hoefden de schepen zeewaarts alleen de sluis tussen de Oude Maas en de Waterweg te passeren. Nu echter zou het scheepvaartverkeer tussen Rotterdam en Antwerpen worden gehinderd: sluizen in de dijkring bij Dordrecht en Willemsdorp. Groot voordeel: het (zoete) water van de Boven Merwede bij Dordrecht werd afgebogen richting Nieuwe Maas en Waterweg; een goed wapen in de strijd tegen de verzilting van deze zeearm.

Becijferd werd dat een eventuele uitvoering van dit plan de bouw betekende van 16 sluizen, 2 hulpsluizen, 10 spuisluizen en 13 dammen. Andere cijfers: alleen al in de provincie Zuid-Holland zou 21 miljoen kubieke meter zand moeten worden verstouwd, 5 miljoen kubieke meter klei en 1 miljoen kubieke meter leem. Geraamde duur van het hele project: 10 jaar.

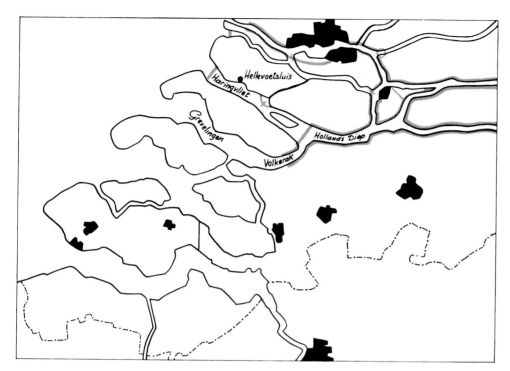

In de oorlog werd al aan een afsluiting van het Haringvliet gedacht op de plek waar het in het Deltaplan ook echt is gerealiseerd. Overigens zijn de plannen uit die tijd echte studeerkamerplannen. Aan verwezenlijking op korte termijn dacht vrijwel niemand: het was oorlog, de materialen waren zeer schaars en men was zich ervan bewust dat er heel wat andere prioriteiten waren zodra de tijden beter zouden zijn.

PLAN III: AFSLUITING HARINGVLIET

Nog tijdens de oorlog werd het idee geopperd het Viereilandenplan uit 1938 aan te vullen met twee dammen in het Haringvliet. De dam aan de zeezijde moest stormvloeden kunnen keren, terwijl de meer oostelijk gelegen dam - nabij het Volkerak - een hoogte werd toegedacht van 2,25 meter boven NAP. Een stormvloed zou dan alleen via het Volkerak landinwaarts stromen. Het hoge water kan over de relatief lage oostelijke dam in het Haringvliet slaan, waardoor het gebied tussen de twee dammen als een vloedkuil gaat werken: een overlooppreservoir dat de grote hoeveelheid water tijdelijk opvangt.

Ook aan dit plan zaten bezwaren. Een stormvloed opvangen in een soort reservoir is mogelijk (de Biesbosch heeft eeuwen zo gewerkt), maar in de praktijk kunnen zich twee stormvloeden achter elkaar voordoen. De tweede waterstroom vindt dan het reservoir al gevuld, en zoekt zijn weg elders.

Daarnaast werd de afvoer van de grote rivieren geleid via het Volkerak. Niet alleen levert dat geen voordelen op voor de Nieuwe Waterweg, maar het zou ingrijpende maatregelen vergen in het Volkerak en wellicht zelfs in de Grevelingen. Dit gebied krijgt steeds meer zoet water.

PLAN III — ENGLISH

Still during World War II the idea was proposed to supplement Plan I with two dams in the Haringvliet. The (high) dam on the side of the sea had to stop storm floods, while the dam located more east-near the Volkerak, was intended to have a heighth of 2.25 m above sea-level. The high water can - via the Volkerak - flow over the relatively low eastern dam, whereby the area between the two dams will serve as a reservoir that temporarily catches the large quantity of water. Objections: in reality two storm floods can occur in a row. The second water flow comes upon an already filled reservoir and finds its way elsewhere.

PLAN III — DEUTSCH

Noch während des Zweiten Weltkrieges wurde der Gedanke geäußert, Plan I um zwei Dämme im Haringvliet zu ergänzen. Der (hohe) Damm an der Seeseite mußte Sturmfluten abhalten können, während der östlicher gelegene Damm - in der Nähe des Volkerak - eine Höhe von 2,25 m über dem durchschnittlichen Seespiegel erhalten sollte. Das Hochwasser kann - durch das Volkerak - über den relativ niedrigen östlichen Damm schlagen, wodurch das Gebiet zwischen den beiden Dämmen zu einem Reservoir wird, welches die große Wassermenge vorübergehend auffängt. Nachteile: In der Praxis kann es zwei Sturmfluten hintereinander geben. Der zweite Wasserstrom findet das Reservoir bereits gefüllt vor und sucht sich einen anderen Weg.

In dit plan neemt de beweegbare stormvloedkering een grote plaats in. Men moet dit dan ook meer zien als een studie naar de mogelijkheden van stormvloedkeringen die alleen bij dreigend hoog water worden neergelaten. Opvallend is, dat in deze fase de Hollandse IJssel nog gedacht was te zijn afgesloten met een sluisdam, terwijl de beweegbare stormvloedkering juist hier het eerst zou worden toegepast.

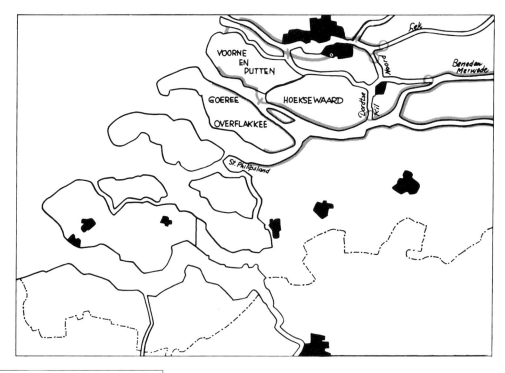

PLAN IV   ENGLISH

1947: for the rivers the Lek, the Noord, the Beneden-Merwede, and the Dordtse Kil storm tide dams were considered that would make normal navigation possible but that could be lowered in case of high water. This plan was imitated to scale in the laboratory of J. Th. Thijsse (p. 50) and the experiments showed that this plan could indeed stop high water. By shutting out the storm flood the area before that – and in particular Rotterdam – would get higher water levels because the hinterland would no longer serve as a reservoir. Another objection: storm tide dams that only work with threatening high water are ideal for navigation, but the penetrating salt water is not stopped.

PLAN IV   DEUTSCH

1947: In den Flußbetten Lek, Noord, Beneden-Merwede und Dordtse Kil werden Sturmflut-Schutzanlagen angenommen, welche eine normale Schiffahrt ermöglichen, jedoch bei Hochwasser niedergelassen werden konnten. Dieser Plan wurde im Laboratorium von J. Th. Thijsse (S. 50) maßstabgerecht nachgebildet und Versuche ergaben, daß durch diesen Plan das Hochwasser tatsächlich abgehalten werden konnte. Durch das Absperren der Sturmflut würde das vorliegende Gebiet – und in erster Linie Rotterdam – höhere Wasserstände zu verzeichnen haben, da das Hinterland nicht mehr als Auffangbecken funktioniert. Ein anderer Nachteil: Sturmflut-Schutzanlagen, die nur bei drohendem Hochwasser arbeiten, sind für die Schiffahrt ideal, gebieten dem vordringenden Salzwasser jedoch keinen Einhalt.

PLAN IV: VIER EILANDEN MET STORMVLOEDKERINGEN

In 1947 werd het Viereilandenplan met vier beweegbare stormvloedkeringen gepresenteerd: in de rivieren de Lek, de Noord, de Beneden-Merwede en de Dordtse Kil zijn stormvloedkeringen gedacht die normale scheepvaart mogelijk maakten maar die bij hoog water konden worden neergelaten. Dit plan werd in het Waterloopkundig Laboratorium van professor J. Th. Thijsse op schaal nagebootst en de proefnemingen lieten zien dat dit plan inderdaad hoog water kon keren.

Door het afsluiten van de stormvloed zo ver landinwaarts zou het gebied daarvoor – en met name Rotterdam – te maken krijgen met hogere waterstanden: het achterland werkt dan niet meer als een reservoir dat de vloed opvangt.

Aan dit plan kleefde nog een ander bezwaar: stormvloedkeringen die alleen bij dreigend hoog water werken zijn ideaal voor de scheepvaart, maar het opdringende zoute water – de verzilting – wordt er geen halt mee toe geroepen. Ook dit plan bleek niet de ware oplossing te zijn.

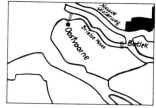

De afsluiting van de Brielse Maas leverde problemen: het laatste caisson bleek te zwaar en moest vervangen door een lichter. Bij het sluiten raakte dit caisson op drift omdat twee kabels braken. De vijf sleepboten werden mee-gesleurd, maar na veel inspanning kwam de situatie onder controle: de Brielse Maas werd op 3 juli 1950 van de zee afgesloten.

UITGEVOERD PLAN V: TWEE EILANDEN

In alle plannen die voor en tijdens de oorlog waren ontwikkeld, ging men ervan uit dat de Zuidhollandse eilanden Rozenburg en Voorne-en-Putten een water-staatkundig geheel moesten gaan vormen door de af-damming van de Brielse Maas. Na de aanleg van de Nieuwe Waterweg (1866/72) raakte de Brielse Maas immers in de versukkeling: weliswaar bleef de rivier onder invloed van eb en vloed, maar de hoeveelheid water die telkens met het getij in beweging werd ge-bracht, verminderde. De rivier verzandde, en erger, raakte steeds zouter waardoor de omringende polders in toenemende mate verziltten. Al voor de oorlog was er spraken van een soort noodsituatie. Vandaar dat de afsluiting van de Brielse Maas prioriteit kreeg, temeer daar hiermee de kust met 50 kilometer werd bekort.

In 1949 begon het afsluiten van de Brielse Maas bij de Botlek en bij de zeemonding (nabij Oostvoorne). De dammen werden eerst op een traditionele manier aangelegd, maar de laatste stroomgaten werden met caissons gedicht.

EXECUTED PLAN V   ENGLISH

All plans took the line that the islands Rozenburg and Voorne-en-Putten had to form a single unit as to water works by dam-ming the Brielse Maas. After the construction of the New Waterway (1866/72) the Brielse Maas became silted and wor-se, became ever saltier resulting in the oversalting of the sur-rounding polders. Already prior to 1940 there was an emer-gency situation and therefore this damming received priority, even more because it shortened the coast by 50 kilometers. In 1949 the damming was started at the Botlek and at the mouth of the sea (near Oostvoorne). The dams were at first traditio-nally built, but the last openings were closed with caissons.

AUSGEFÜHRTER PLAN V   DEUTSCH

Bei allen Plänen ging man davon aus, daß die Inseln Rozen-burg und Voorne-en-Putten durch die Abdämmung der Briel-se Maas eine wasserbautechnische Einheit bilden mußten. Nach dem Bau des Nieuwe Waterweg (1866/72) versandete die Brielse Maas und, was noch schlimmer war, ihr Salzgehalt stieg an, wodurch die umgebenden Polder versalzten. Bereits vor 1940 war eine Notsituation entstanden und diese Absper-rung erhielt darum Priorität auch im Hinblick darauf, daß die Küste hierdurch um 50 Kilometer verkürzt wurde. 1949 be-gann man mit der Absperrung bei der Botlek und der See-mündung (bei Oostvoorne). Die Dämme wurden zunächst auf herkömmliche Weise angelegt, die letzten Stromöffnungen jedoch mit Hilfe von Beton-Senkkästen (caissons) gedichtet.

De Braakman op 29 augustus 1957 vanuit de lucht gezien naar het zuiden.

EXECUTED PLAN VI   ENGLISH

Around 1950 another project was started to shorten the coast: the Braakman. This bay of the Westerschelde developed as a result of a flood in 1404. In the past century the Braakman accumulated sufficient sludge resulting in new polders, but with high water the danger of floods remained. Because the Westerschelde – as access for Antwerp – could not be closed off, it was decided to close off the Braakman with a dam. On June 30, 1952, this damming was done with caissons fitted with metal sluice valves. When opened the water could flow through the caisson, which resulted in less stress; after the last caisson was placed, the valves were closed: the dam complete.

AUSGEFÜHRTER PLAN VI   DEUTSCH

Um 1950 startete man ein anderes Projekt zur Verkürzung der Küste: de Braakman. Diese Einbuchtung der Westerschelde entstand durch eine Überschwemmung aus dem Jahre 1404. Im vorigen Jahrhundert stellte man eine erhebliche Verschlammung der Braakman-Bucht fest, wodurch zwar neue Polder entstanden, bei Hochwasser jedoch mit ständiger Überschwemmungsgefahr zu rechnen war. Da die Westerschelde – als Zufahrtsweg für Antwerpen – nicht abgesperrt werden konnte, beschloß man, die Braakman-Bucht mit einem Damm von der Westerscheldemündung zu trennen. Am 30. Juni 1952 wurde diese Absperrung mit Hilfe von mit Metallschiebern versehenen Senkkästen durchgeführt. In geöffnetem Zustand konnte das Wasser durch den Senkkästen strömen, was weniger Spannungen erzeugte; nach Herablassen des letzten caisson wurden die Schieber geschlossen: Der Damm war fertig.

UITGEVOERD PLAN VI: BRAAKMAN

Begin jaren vijftig begon Rijkswaterstaat aan een ander project om de kustlijn in te korten: de Braakman.

Deze inham van de Westerschelde ontstond door een overstroming in 1404 waarbij de dorpjes Steekerk, Huigersluis, Hertingen, Peerboom, Moerkerk en St. Janskapel van de kaart verdwenen. In de vorige eeuw slibde de Braakman behoorlijk dicht waardoor nieuwe polders ontstonden, maar bij hoge waterstanden bleef deze inham gevaar opleveren voor grote overstromingen. Omdat de Westerschelde – als toegangsweg voor Antwerpen – niet af te sluiten viel, werd besloten de Braakman met een dijk af te grendelen. Op 30 juni 1952 was die afsluiting een feit.

De afsluiting werd verricht met twee caissons die voorzien waren van metalen schuiven. In geopende toestand kon het water door het caisson stromen, wat de mogelijkheden om er mee te manoeuvreren vergrootte. Nadat de sleepboten het laatste caisson op zijn plaats hadden gebracht, werden de schuiven gesloten: de caissons vormden nu een gesloten afdamming.

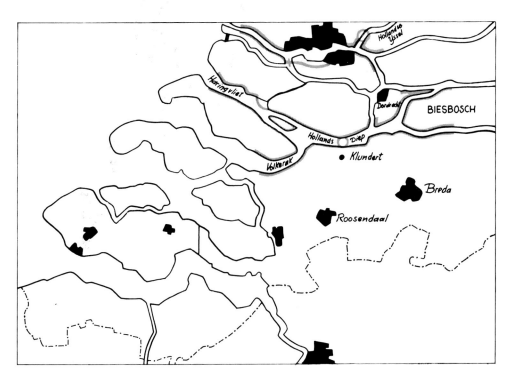

In tegenstelling tot eerdere plannen wordt in plan VII een beweegbare stormvloedkering geplaatst in de Hollandse IJssel. Dit blijft in alle latere plannen gehandhaafd.

PLAN VII: STORMVLOEDKERING IN HET HOLLANDS DIEP

1952: als plan werd een beweegbare stormvloedkering gesitueerd in de Hollandse IJssel, nabij Krimpen. In het Hollands Diep, vlakbij het Brabantse plaatsje Klundert, dacht men een waterkering in de vorm van een uitwateringssluis: een sluis met tien openingen van elk zo'n 100 meter breed. Zo'n sluis op die plaats is een prachtig instrument om de waterloop te sturen. Als het water in de rivieren aan de lage kant raakt, kan de sluis geheel worden gesloten. Het rivierwater wordt dan gedwongen via de Nieuwe Maas en Waterweg naar zee te stromen waardoor deze route meer zoet water te verwerken krijgt; het zoute zeewater krijgt minder kans dieper landinwaarts te dringen. De verzilting zou op deze manier niet verder oprukken dan de Parksluizen (vlakbij waar in 1960 de Euromast werd gebouwd). In alle plannen zijn de Parksluizen het kritieke punt: hier wordt door het Hoogheemraadschap Delfland water uit de Maas gehaald en een verzilting van de Maas op deze hoogte zou fatale gevolgen hebben voor het achterland.
Verdergaande verzilting was ook daarom onwenselijk, omdat Rotterdam toen nog zijn drinkwater bij Kralingen uit de Maas haalde.

PLAN VII ENGLISH

1952: the plan was to situate a movable storm tide dam in the Hollandse IJssel, near Krimpen. In the Hollands Diep, close to the Brabants village Klundert, one thought of a dam in the form of an outlet sluice: a sluice with ten openings each being about 100 meters wide. Such a sluice in that area is a beautiful instrument to control the water flow. When the water in the rivers is low, the sluice can be completely closed. The river water is then forced to flow seawards via the Nieuwe Maas and the Waterway whereby this route would get to process more fresh water; the salty sea water gets less chance to go inland.

PLAN VII DEUTSCH

1952: Vorlage eines Planes für eine bewegliche Sturmflut-Schutzanlage in der Holländischen IJssel bei Krimpen. Im Hollands Diep, in der Nähe des brabantischen Örtchens Klundert, dachte man an eine Wasserschutzanlage in Form einer Entwässerungsschleuse: Eine Schleuse mit zehn, jeweils 100 m breiten Öffnungen. Eine solche Schleuse an dieser Stelle ist ein prachtvolles Instrument zur Steuerung des Wasserlaufes. Wenn der Wasserstand in den Flüssen sinkt, kann die Schleuse vollständig geschlossen werden. Das Flußwasser wird dann gezwungen, über Nieuwe Maas und Waterweg in die See zu strömen, sodaß diese Route mehr Süßwasser zu verarbeiten bekommt; dem salzigen Seewasser wird weniger Gelegenheit gegeben, tiefer ins Landesinnere vorzudringen.

Het novum van dit plan: een beweegbare stormvloedkering in het Haringvliet nabij Hellevoetsluis. Dat men toen nog aan een afsluiting halverwege het Haringvliet dacht, is om praktische redenen. Meer zeewaarts is de zeearm dieper en heeft sterkere stromen; dat maakt de bouw van een dam niet alleen moeilijker maar ook duurder.

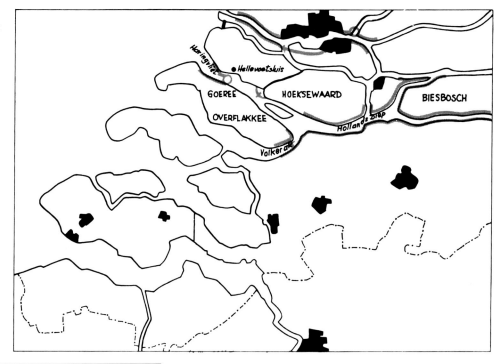

PLAN VIII   ENGLISH

Still in 1952 another step was taken. While experimenting in the laboratory the best solution for the islands in South Holland appeared to be to closing off the sea arm itself. Thus the plan to place a wide dam with a movable weir at Hellevoetsluis. The Volkerak was closed off with a fixed dam. If the movable weir in the Haringvliet would only be used in case of low water (ebb tide) then behind it, far into the Biesbosch a large fresh water basin could develop. The government assigned in the fall of 1952 the task to study the consequences of a possible closing off of other arms of the sea.

PLAN VIII   DEUTSCH

Noch im Jahre 1952 ging man einen Schritt weiter. Während der Experimente im Laboratorium schien die beste Lösung für die Südholländischen Inseln in der Absperrung des Seearmes selbst zu liegen. So entstand der Plan, bei Hellevoetsluis einen breiten Damm mit einem beweglichen Wehr anzulegen. Das Volkerak wurde mit einen festen Damm abgeschlossen. Für den Fall, daß das bewegliche Wehr im Haringvliet nur bei niedrigem Wasserstand (Ebbe) gebraucht werden würde, könnte dahinter, bis weit in den Biesbosch, ein großes Süßwasserbecken entstehen. Die Regierung gab im Herbst 1952 den Auftrag, eine Studie über die Folgen einer möglichen Absperrung anderer Seearme anzufertigen.

PLAN VIII

Nog in 1952 ging men een stapje verder. Een mogelijke afsluiting van het Hollands Diep bracht bijna vanzelf de gedachten op een dam meer westwaarts gelegen. De studiedienst van Rijkswaterstaat zocht – al experimenterend in het laboratoriummodel – zijn oplossing voor de Zuidhollandse eilanden steeds meer in de grote zeearmen zelf. Werd in plan III (pag. 21) nog gedacht aan een afsluiting van het Haringvliet met een oostelijke en een westelijke dam, in het nieuwste plan was de beweegbare stormvloedkering in het Hollands Diep uit plan VII (pag. 25) meer westwaarts, in het Haringvliet, gedacht. Men wilde bij Hellevoetsluis een brede dam met een beweegbare stuw. Het Volkerak werd met een vaste dam afgesloten. Als de beweegbare stuw in het Haringvliet alleen gebruikt werd bij laag water (eb) dan zou daarachter, tot ver in de Biesbosch een groot zoetwater bekken kunnen ontstaan.

De studies wezen uit dat een oplossing in de zeearmen zelf nog het meeste resultaat konden hebben. Vandaar dat de minister van Verkeer en Waterstaat in het najaar van 1952 opdracht gaf een studie ter verrichten naar de gevolgen van een mogelijke afsluiting van het Brouwershavense Gat en de Oosterschelde.

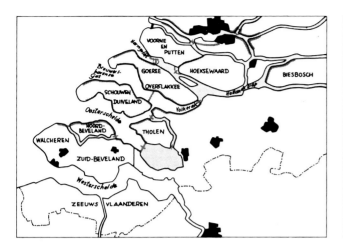

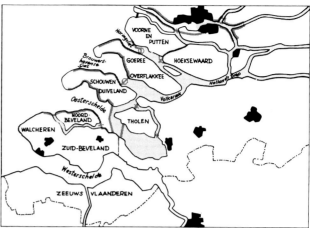

Het 'Geleidelijke Plan': het Volkerak afgesloten door een dam met sluis, de Grevelingen door een vaste dam. Eendracht en Oosterschelde gescheiden door een dam met sluis waardoor hier een zoetwaterbekken ontstaat. De oestercultuur rond Yerseke dient naar het westen verplaatst.

Het 'Directe Plan': geen afsluiting van het Volkerak, wel een stuw in de Grevelingen. De Oosterschelde wordt meer westwaarts met een vaste dam afgesloten: de oestercultuur moet nog meer naar het westen verplaatst. Scheepvaart tussen Rotterdam en Antwerpen zonder sluizen mogelijk.

PLAN IX

Op 29 januari 1953 kreeg de minister al een eerste tussenrapport op de door hem gevraagde studie naar een mogelijke afsluiting van de zeearmen. Twee schetsen werden hem aangeboden waarin het Brouwershavense Gat en de Oosterschelde halverwege waren afgesloten.

Onder leiding van J. van Veen presenteerde de Studiedienst van de Directie Benedenrivieren een schets waarbij werd uitgegaan van een groot aantal jaren om tot verwezenlijking te komen, en een schets waarin de afsluiting van de zeearmen op kortere termijn werd gerealiseerd.

Het zogenaamde 'Geleidelijke Plan' kan in fases worden uitgevoerd, het 'Directe Plan' heeft een aantal afsluitingen die beslist in onderlinge samenhang moeten worden verwezenlijkt.

Beide plannen gaan uit van het afsluiten van het Haringvliet door middel van stuwsluizen en de samenvoeging van Noord- en Zuid-Beveland met Walcheren tot een waterstaatkundige eenheid. Ook het eiland Tholen wordt door middel van twee dammen met St. Philipsland verenigd.

De verschillen tussen beide plannen zitten in het afsluiten van het Brouwershavense Gat en de Oosterschelde.

PLAN IX   ENGLISH

On January 29, 1953 - two days prior to the flood disaster - the Study Committee of the Rijkswaterstaat (chaired by J. van Veen) presented two outlines to the government (see Plan VIII). The so-called 'Gradual Plan' (left) can be executed in stages. The 'Direct Plan' (right) has a number of closings that need to be done together. Both plans take the line to close off the Haringvliet with lock weirs and the joining of Noord- and Zuid-Beveland with Walcheren into a single unit as to water works. The island Tholen is also united with St. Philipsland with dams. The difference between the two plans is in the closing off of the Brouwershaven Gat and the Oosterschelde.

PLAN IX   DEUTSCH

Am 29. Januar 1953 - zwei tage vor der Überschwemmungskatastrophe - legte der Studiendienst des Staatl. Wasserbauamtes (unter der Leitung von J. van Veen) der Regierung zwei Skizzen vor (siehe Plan VIII). Der sogenannte 'Allmähliche Plan' (links) kann in Phasen ausgeführt werden, der 'Direkte Plan' (rechts) beinhaltet eine Reihe von Absperrungen, die in gegenseitigem Zusammenhang verwirklicht werden müssen. Beide Pläne gehen von einer Absperrung des Haringvliet mit Stauschleusen sowie der Zusammenführung Nord- und Süd-Bevelands mit Walcheren zu einer wasserbautechnischen Einheit aus. Auch die Insel Tholen wird mit Hilfe von Dämmen mit St. Philipsland verbunden. Die beiden Pläne unterscheiden sich in der Absperrung des Brouwershavense gat und der Oosterschelde.

'The Dutch decide where the fish and where the people will live'. Opposite page: The islands in South-Holland and Zeeland on a map from the atlas of Christiaan Sgroten (1573).

'Die Niederländer entscheiden, wo die Fische und wo die Menschen wohnen sollen.' Andere Seite: Zuidhollandse und Zeeuwse Inseln auf einer Karte aus dem Atlas von Christiaan Sgroten (1573).

HISTORY

THE SOUTHWEST OF HOLLAND has been inhabited since 9000 B.C. and in the Roman time it must have known a prosperous trade in view of the recently discovered sacrificial tables for the goddess Nehalennia (p. 10). After that time the area became uninhabitable because of floods, but man returned there in the eighth century. He built dikes to protect himself from the sea, however especially those (primitive) dikes caused new floods: since then the new land struggled with the problems of rain water drainage while the soil itself became drier, shrank and sank depper. An easy prey for the sea. Since the sixteenth century man acquired more insight into water drainage and dike building and with the help of windmills the water was pumped away from the lower areas, even though there were many set-backs. Such as the sea worm, a shellfish that gnawed the wooden poles in the massive dikes (p. 12). A problem that still exists.

OVER CENTURIES the techniques improved. Steam engines pumped the excess water and the sea currents were studied. After a large flood in 1916 in the north of Holland, it was decided to close off the Zuiderzee (now: IJsselmeer) from the sea. A daring project that brought the Government Service for Water Works (in Dutch: Rijkswaterstaat) much new knowledge (p. 13 and 14). That service investigated since that time how the southwest of Holland could also be better protected from the sea. Joh. van Veen (p. 15) already in 1938 warned that the dikes were too low in case of a 'super storm flood': high water during a heavy storm that reaches a height of 4 m above NAP (NAP is the average water level in Amsterdam, the comparison norm for all of Holland). Under his direction many plans were developed to improve the situation, (beginning on p. 18 with individual summaries), also in consideration of the increasing oversalting of the soil by the penetrating salty sea water (p. 16). On page 20 a map shows which parts of Holland lie below sea level: these would be flooded without the dikes.

GESCHICHTE

DER SÜDWESTEN DER NIEDERLANDE ist bereits seit 9000 v. Chr. bewohnt und muß in der Römerzeit einen blühenden Handel gekannt haben angesichts der kürzlich gefundenen Opfertafeln für die Göttin Nehalennia (s. 10). Nach dieser Zeit wurde das Gebiet durch Überströmungen unbewohnbar, der Mensch kehrte jedoch im 8. Jahrhundert wieder dorthin zurück. Zum Schutz gegen die See baute er Deiche, aber gerade die (primitieven) Deiche verursachten neue Überschwemmungen: Das dahintergelegene neue Land kämpfte mit Abfuhrproblemen von Regenwasser, während der Boden selbst immer trockner wurde, sich zusammenzog und tiefer wegsank. Eine bequeme Beute für die See.
Seit dem 16. Jahrhundert verfügte der Mensch über mehr Einsicht in die Gesamtheit von Wasserabfuhr und Deichbau und mit Hilfe von Windmühlen wurde das Wasser aus den niedriger gelegenen Gebieten gepumpt, obwohl es viele Mißgeschicke gab wie z.B. den Bohrwurm, ein Schalentierchen, das die Holzpfähle in den Deichen massal anfraß (S. 12). Ein noch immer bestehendes Problem.

IM LAUFE DER JAHRHUNDERTE konnte die Technik verbessert werden. Dampfpumpwerke pumpten das überflüssige Wasser weg und man vertiefte sich in das Studium der Seeströmungen. Nach einer großen Überschwemmung im Norden der Niederlande im Jahre 1916 wurde der Entschluß gefaßt, die Zuiderzee (das jetzige IJsselmeer) von der See zu trennen. Ein gewagtes Projekt, das dem Staatl. Wasserbauamt (im Holländischen: Rijkswaterstaat) neue Erkenntnisse brachte (S. 13 und 14). Das Staatl. Wasserbauamt stellte seitdem auch Untersuchungen darüber an, auf welche Weise der Südwesten der Niederlande besser gegen die See geschützt werden konnte. Joh. van Veen (s. 15) war es, der schon 1938 davor warnte, daß die Deiche für eine eventuelle 'Supersturmflut' (Hochwasser bei schwerem Sturm, das eine Höhe von 4 m oberhalb NAP = durchschnittlicher Wasserstand in Amsterdam, Vergleichsnorm für ganz Holland, erreicht) zu niedrig seien. Unter seiner Leitung wurden viele Pläne zur Verbesserung der Situation entwickelt (S. 18 mit jeweiligen Zusammenfassungen), auch im Hinblick auf die zunehmende Versalzung des Bodens durch das vordringende salzige Seewasser (S. 16). Seite 20 enthält eine Karte, auf der angegeben ist, welche Teile der Niederlande unterhalb des Meeresspiegels liegen: Ohne Deichanlagen würden diese Gebiete überschwemmt werden.

In 1573 maakte Christiaan Sgroten in opdracht van de hertog van Alva voor Philips II een atlas. Daarin staat een kaart van de Zuidhollandse en Zeeuwse eilanden. Het geeft een voor die tijd nauwkeurig beeld van de toestand van het Deltagebied en daaruit wordt duidelijk hoe veranderlijk dit gebied in de loop der tijden is geweest. Enkele opmerkelijke veranderingen: onder Tholen is het restant zichtbaar van de stad Reimerswaal (al in 1530 door een stormvloed geteisterd) dat door slecht onderhoud spoedig voorgoed zal verdwijnen. Walcheren en Zuid-Beveland zijn zeer sterk gescheiden terwijl de Braakman een grote zee-inham is.

Watersnoodramp

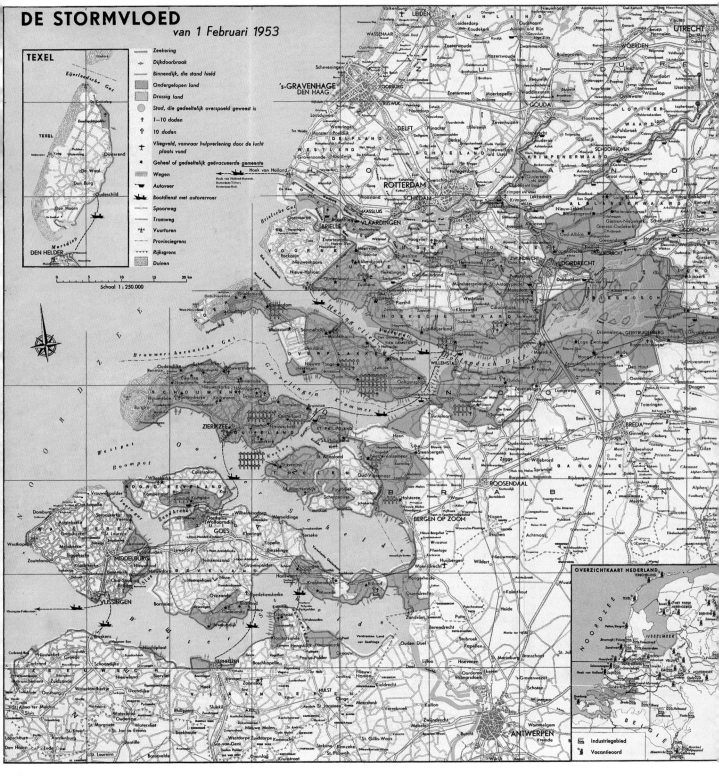

DE STORMVLOED
van 1 Februari 1953

Legenda:
- Zeekering
- Dijkdoorbraak
- Binnendijk, die stand hield
- Ondergelopen land
- Drassig land
- Stad, die gedeeltelijk overspoeld geweest is
- 1-10 doden
- 10 doden
- Vliegveld, vanwaar hulpverlening door de lucht plaats vond
- Geheel of gedeeltelijk geëvacueerde gemeente
- Wegen
- Autoveer
- Bootdienst met autovervoer
- Spoorweg
- Tramweg
- Vuurtoren
- Provinciegrens
- Rijksgrens
- Duinen

TEXEL

DEN HELDER

Schaal 1 : 250.000

OVERZICHTKAART NEDERLAND
- Industriegebied
- Vacantieoord

Vorige pagina's:
Het begin van de ramp,
1 februari 1953

Kaart bij het gedenkboek 'De Ramp' dat al in februari 1953 van de persen rolde en werd verkocht ten bate van het Nationaal Rampenfonds. De kaart laat zien dat de meeste dijkdoorbraken plaats vonden aan de zuidelijke kusten. Deels kwam dit doordat de noordelijke dijken hoger waren gemaakt in verband met de golfoploop bij noordwesterstormen. Dat een noord-noordwesterstorm het water zo hoog zou kunnen opzwiepen dat ook aan de zuidkant het peil te hoog kwam te staan, daarmee had men helaas nog niet gerekend.

IN DE NACHT VAN 31 JANUARI op 1 februari 1953 braken de dijken. Plotseling was hij daar, de superstormvloed waarvoor mensen als Van Veen al sinds 1938 vreesden.

Niet helemaal onaangekondigd. De storm was op de 29e januari ontstaan, als een kleine depressie ten westen van Schotland. De dagen daarna groeide hij alsmaar in sterkte aan, om op zondag de 31e te veranderen in een ware orkaan die op de volle lengte van de Noordzeekust beukte. Die zaterdagmiddag, net na volle maan, stond het water bij vloed veel hoger dan gewoonlijk. Verontrustender werd het kort daarop: het waterpeil zakte nauwelijks bij eb, en er werden standen gemeten van zo'n 2,5 tot 3 meter hoger dan normaal. 's Avonds begon een noodtoestand te dreigen. Vanaf zes uur vielen de eerste loodsdiensten uit, een vijfendertigtal schepen raakte in nood of sloeg op het strand. De duinen begonnen ernstig af te slaan, en de KNMI had al om 17.15 uur een waarschuwingstelegram gestuurd naar alle instanties die bij dijkbewaking betrokken waren. Overal was een dijkwacht ingesteld, en liepen mannen met bezorgde gezichten langs de randen van de kokende zee. Maar de ramp begon pas 's nachts. Om twee uur, nog een paar uur voor de verwachte hoogste waterstand, begonnen overal in zuid-west Nederland de noodklokken te luiden. Om drie uur sloeg de zee al op vele plaatsen in manshoge vloedgolven over de dijken. De golven sleurden alles mee wat ze op hun weg vonden, ramden boerderijen, overstroomden het land. Honderden mensen vluchtten op de daken van hun huizen en in bomen in de hoop dat die nog staande zouden kunnen blijven. Tegelijkertijd gingen de dijken op steeds meer plaatsen alsmaar erger kapot.

Zondagmorgen om half vijf kwamen de eerste alarmberichten van de telex, en direct werden grootscheepse hulpacties begonnen. Alle militairen werden gemobiliseerd, tientallen vrijwilligers boden hun diensten aan. Maar hoe snel men ook handelde, de hulp bleef een race tegen de klok: steeds meer mensen bezweken van de kou, of verdwenen met de instortende daken van hun huizen in de diepte. Met lede ogen moesten schippers met afgeladen boten, en helicopterpiloten met al meer dan het maximum aantal toegestane passagiers aan boord, hulp weigeren aan drenkelingen. Voor al die helpers was de verschrikking groot, maar de omvang van de ramp konden zij slechts vermoeden.

DE REST VAN NEDERLAND bleef nog langer in het ongewisse. In het gedenkboek 'De Ramp' staat beschreven hoe druppelsgewijs de berichten over de afgelegen eilanden binnenkwamen:

'Het eerste slachtoffer werd Zondagmorgen om 9.58

OVERSTROMINGEN

Sinds 1200 – vanaf wanneer min of meer betrouwbare overleveringen bekend zijn – heeft Nederland ruim 100 overstromingsrampen gekend. De belangrijkste:

1421, 18/19 november: St. Elizabethsvloed teistert Holland, Zeeland en Vlaanderen; 72 dorpen onder water; zo'n 10.000 doden; de Grote Waard (Biesbosch) ondergelopen en 34 dorpen voorgoed verdwenen;

1530, 5 november: St. Felix quade Saterdach; omgeving Reimerswaal (Zuid-Beveland) verdwijnt voorgoed onder water;

1570, november: Allerheiligenvloed; noordwester orkaan teistert kust van Vlaanderen tot Groningen; zo'n 25.000 doden;

1574, juli/augustus: in de strijd tegen Spanje worden opzettelijk dijken ten oosten en ten westen van Rotterdam doorgestoken om Leiden te ontzetten wat op 26 augustus lukt;

1775, 14/15 november: stormvloed in Holland en Zeeland; voor het eerst wordt een hoge waterstand beschreven in samenhang met meteorologische factoren;

1808, 15 januari: Zeeuwse polders lopen onder na volle maan;

1825, 3/4 februari: 370.000 hectare met zeewater overstroomd; veel schade in Overijssel; ruim 300 doden;

1894, 23 december: Zuidhollandse polders ondergelopen;

1906, 12 maart: veel schade in Zeeland en rond IJsselmonde;

1916, 13/14 januari: 60.000 hectare rond de vroegere Zuiderzee (nu IJsselmeer) overstroomd na 30 dijkdoorbraken;

1944, oktober: bombardement Walcheren;

1953, 1 februari: de watersnoodramp.

De originele weerkaarten van het KNMI in De Bilt over 31 januari en 1 februari 1953. De kaarten geven met name de luchtdruk duidelijk aan: de lijnen zijn isobaren, de cijfers ernaast geven de luchtdruk aan in millibaren. Te zien is hoe een lagedrukgebied (L) in de loop van zaterdag en zondag verschuift van het westen van Schotland tot boven Denemarken. De isobaren rond dat lagedrukgebied komen steeds dichter bij elkaar, wat wijst op een groot luchtdrukverschil, dus storm.
De pijltjes en vlaggetjes geven windrichting en windsterkte aan – hoe meer streepjes en vlaggetjes hoe sterker de wind –; de bolletjes de mate van bewolking – zwart betekent: geheel bewolkt –; en de cijfers bij de bolletjes de temperatuur.
De tabellen rechtsonder geven de windsnelheid in meters per seconde.
Het KNMI kende ten tijde van de ramp nog maar twee waarschuwingsboodschappen: de waarschuwing voor harde storm die men de 31e om 11.00 uur deed uitgaan, en de waarschuwing voor gevaarlijke storm die die dag om 17.15 uur werd gegeven. Dit waarschuwingssysteem is na de ramp verfijnd en uitgebreid.

uur gemeld. Het was een lifter, verdronken in een auto op de straatweg tussen Dordrecht en Moerdijk. Even later volgden de acht doden uit de weggeslagen dijkhuizen van Hontenisse, in Zeeuws-Vlaanderen. 's Avonds steeg het getal tot 58, na middernacht tot 85. De Maandag bracht nieuwe noodlotsmeldingen. Het cijfer steeg van 138 om één uur 's nachts tot 394 des middags. Het nieuws van zeven uur 's avonds meldde 420 doden, te middernacht rees dit tot 605. Op Dinsdag kwamen de alarmerende berichten over de vergeten eilanden. Het aantal doden steeg verder van 627 tot 873 om negen uur 's avonds. Woensdag om drie uur klonk het ontstellende getal van 1223. Geruchten deden de ronde als zouden alleen al op Goeree-Overflakkee reeds meer dan duizend doden zijn. Men sprak over duizenden vermisten, honderden aangespoelde en nog onbekende lijken. Toch steeg het cijfer sindsdien in trager tempo. Donderdag: 1320. Vrijdag 1355. Met omstreeks 1400 bleek eindelijk de vrijwel definitieve top bereikt.'

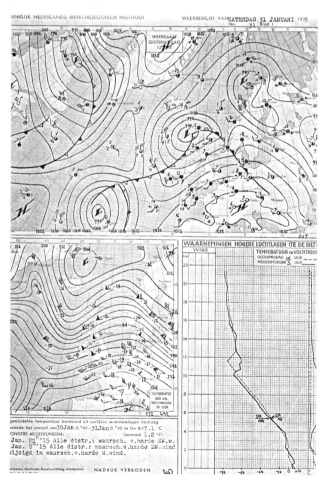

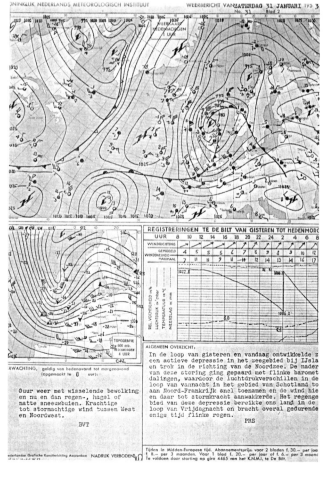

Zelfs die vrijdag, vier volle dagen na het begin van de ramp, toen de hoop al was opgegeven temidden van de barre watervlakte nog een levend wezen aan te treffen, was het drama nog niet in volle omvang duidelijk.

Het Centraal Bureau voor de Statistiek maakte later de balans op: 1835 mensen verloren het leven, 72.000 moesten worden geëvacueerd. 47.000 stuks vee, en 140.000 stuks pluimvee kwamen om in het water. 3000 woningen en 300 boerderijen werden vernield, meer dan 40.000 woningen en 3000 boerderijen beschadigd. De totale materiële schade werd geschat op ruim anderhalf miljard gulden, waarvan het Rijk en het Nationaal Rampenfonds ruim 1.100 miljoen op zich namen.

Het officiële verslag over de stormvloed maakte later de details bekend: er waren ongeveer 100 stroomgaten ontstaan (gaten die zo groot zijn dat eb en vloed er vrij spel door hebben), waarvan 67 grote. Daarnaast waren nog eens zo'n 500 bressen in dijken geslagen en was ruim 800 kilometer dijk beschadigd; alleen al in zuidwest Nederland van de ruim 1000 kilometer dijk de helft. 200.000 hectare land stond onder water, waarvan 185.000 hectare in zuidwest Nederland.

DE RAMP HAD ZICH NIET BEPERKT tot Zeeland en de Zuidhollandse eilanden. Ook Rotterdam-Zuid had blank gestaan, ook de Alblasserwaard en de Biesbosch waren ondergelopen, zelfs op Texel was een dijk gebroken, en op al die plaatsen waren doden te betreuren. Toch kon men met opluchting constateren dat een aantal andere kritieke zeeweringen het niet had begeven; anders was de ramp nog veel groter geweest. Zo hield de Hondsbosse Zeewering bij Petten zich goed: de kop van Noord-Holland is daardoor droog gebleven. En ook de zeewering te 's-Gravenzande hield grotendeels stand: de bres werd geen doorbraak waardoor het hele Westland tussen Den Haag, Delft en Rotterdam onder water zou hebben

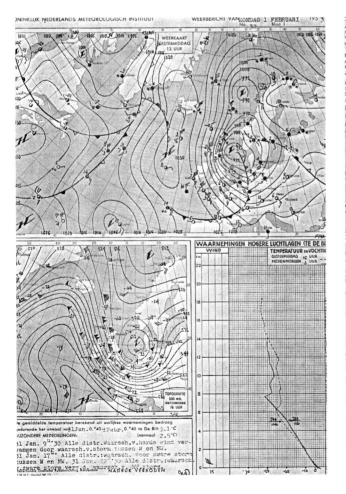

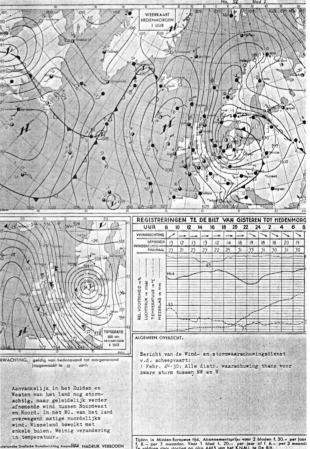

Het water baande zich die rampnacht een weg tot ver in Nederland. De foto's boven en op pagina 37 laten een dijkdoorbraak zien in Papendrecht, ten noorden van Dordrecht, waardoor de Alblasserwaard onder water kwam te staan.
Honderden mensen moesten hals over kop hun huis verlaten, en letterlijk rennen voor hun leven. Toch weigerden sommigen te vertrekken, en met name in de geïsoleerde gebieden van Zeeland moesten redders soms de grootste moeite doen om mensen ertoe over te halen hun bezittingen achter te laten en mee te gaan.

gestaan. Ook de Schielandse Hoge Zeedijk kon nog
worden gered: hierin was bij Ouderkerk aan de IJssel
al een bres geslagen, die echter op het laatste nipper-
tje door een binnenvaartschip werd dichtgevaren.
Was dit mislukt dan was vrijwel de hele Randstad
ondergelopen, met tenminste voor de bewoners van
de Alexanderpolder nauwelijks overlevingskansen:
de grond ligt hier op 6 meter beneden NAP.
Direct kwam de opvang op gang van de tienduizenden die hun have en goed, en vaak veel dierbaren
hadden verloren. Ze werden gehuisvest in grote
hallen en kazernes, in gestichten en ontruimde ge-
bouwen. In de Ahoy-hallen van Rotterdam alleen al
konden er duizenden terecht, en al vlug stroomden
velen door naar gastgezinnen. Voor de meesten zou
het maanden duren voor ze de ergste slagen te boven
waren. Sommigen waren voorgoed ontroostbaar, en
kozen alsnog de dood.

HOE ONTREDDERD NEDERLAND OOK WAS direct na de
ramp, het was zaak onmiddellijk met het herstel te
beginnen. Bij ieder getij sleten de stroomgaten in de
dijken verder uit, en vormden zich diepere geulen
achter de dijken. Alle middelen moesten worden aan-
gewend om verdergaande vernielingen te beperken.
Zandzakken brachten vaak uitkomst. Al gedurende
de rampnacht, en de eerste dagen daarop, waren hier-

STORMVLOED

Iedere 24 uur en 50 minuten stijgt en daalt het zeewater twee
maal: de vloed en de eb. Deze op- en neergaande beweging
van het water wordt veroorzaakt door de aantrekkingskracht
van de zon, maar meer nog door die van de maan. Zo is na
volle en na nieuwe maan - als de zon en de maan gelijktijdig
hun aantrekkingskracht laten gelden - de stand van het hoge
water maximaal (springtij), terwijl die het geringst is na het
eerste en het laatste kwartier (doodtij). Vandaar dat er iedere
veertien dagen een maximaal hoge en een minimaal lage
waterstand is.
Het verschil tussen hoog en laag water (het getijverschil)
varieert ook van plaats tot plaats omdat bijvoorbeeld diepte-
verschillen in het water de verplaatsing van de vloedgolf
kunnen belemmeren. Zo is er in Zeeland doorgaans een
getijverschil van 3 meter, terwijl dat in Den Helder ruim een
meter is en in Delfzijl zo'n 2,5 meter.
Ook de wind kan - min of meer onafhankelijk van het getij -
de stand van het water verhogen of verlagen. Zo kan een
westerstorm het zeewater doen stijgen (stormvloed) terwijl een
oostenwind voor lager water zorgt, dat wel stormeb wordt
genoemd. Een combinatie van springtij en stormvloed
veroorzaakt buitengewoon hoge waterstanden.

mee talloze bressen voorlopig verholpen. Direct daarna konden dan al die 'nooddichtingen' met behulp van matten en steen worden verstevigd, om tenslotte een grondige versterking te ondergaan. Bij het eiland Tholen zijn zo miljoenen zandzakken verwerkt, 3400 man werd ingeschakeld om alleen al bij Stavenisse 1,75 miljoen zandzakken aan te helpen dragen. Binnen twee weken was hier het dijkherstel grotendeels geklaard.

Er werd ook veelvuldig gebruik gemaakt van andere technieken, zoals het opstorten van stenen dammen op een verstevigde onderlaag. Vaker nog was een combinatie van verschillende technieken nodig; iedere situatie riep specifieke problemen op. Hout, steen, matten en wrakstukken, alles werd gebruikt om gauw zoveel mogelijk gaten dicht te krijgen. De aanvoer van materieel kwam snel op gang, waardoor het dichten steeds professioneler kon geschieden.

Voor de grote beschadigingen, met name de 67 flinke stroomgaten, was het gebruik van traditionele technieken onvoldoende. De geulen waren hier al vlug te diep, en de stroming zo sterk dat deze zandzakken of stortsteen mee zou sleuren. Hier was telkens extra veel inventiviteit nodig om tot juiste oplossingen te komen. Het Waterloopkundig Laboratorium in Delft was een welkome steun: hier werden de diverse sluitingsmogelijkheden van te voren getest, zodat men zo weinig mogelijk tijd en materieel bij het echte sluiten zou verliezen. Maar nog zou het dichten van de meeste stroomgaten niet zijn gelukt zonder caissons, een hulpmiddel dat men had overgehouden aan de tweede wereldoorlog.

HET WAREN DE GEALLIEERDEN die de caissons naar Europa brachten. Op 6 juni 1944, D-Day, kwam ineens de invasie: meer dan 5000 schepen, beschermd door 7000 vliegtuigen, naderden de Normandische kust. De verrassing voor de Duitsers was groot, niet alleen doordat het stormachtig weer een invasie die dag onwaarschijnlijk maakte. Maar ook de plaats zelf leek hen niet geschikt: Normandië had een zanderige, ondiepe kust zonder noemenswaardige havenaccommodatie. De geallieerden hadden echter van eerdere nederlagen juist bij goede havens, hun les geleerd. Hun opmerkelijke oplossing voor dit probleem bestond uit het feit dat ze hun havens dit keer zelf meebrachten. Althans, ze hadden alles bij zich om bij aankomst onmiddellijk havens aan te leggen.

Bij Terneuzen, in Zeeuws-Vlaanderen, brak de Westerschelde op verschillende plaatsen door de zeedijk (links).

In Heiningen, in noord-west Brabant, trachtte men met zandzakken de binnendijken te versterken, maar kon men toch niet voorkomen dat de hele polder onder water liep (boven).

De hulp die direct op gang kwam was overweldigend. Behalve de tienduizenden Nederlandse militairen, en de honderden schippers, radio-amateurs, helikopterpiloten en allerlei vrijwilligers, kwamen er ook veel buitenlanders. Zoals een Amerikaanse legermacht van 5000 man, en delen van het Engelse Rijnleger. En zoals de Franse bataljons genietroepen, ongeveer 2000 pontonniers. Ook uit België kwamen hulptroepen en burgers, hoewel dit land zelf vrij veel schade had geleden. En nog op donderdag kwamen zo'n 150 Italiaanse brandweerlieden beladen met groot materieel.

Toen de eerste berichten over de ramp bekend werden, vertrok J. van Veen naar Ouderkerk aan de IJssel, bij de Schielandse Hoge Zeedijk. Hij wist dat daar een wellicht nog grotere catastrofe dreigde dan in zuidwest Nederland: als deze dijk zou breken, liep de hele Randstad onder water inclusief de Alexanderpolder met zijn maaiveld op 6 meter beneden NAP. De dijk stond inderdaad op breken, de polder begon al vol te lopen.

Men overwoog al een kerktoren op te blazen om met het puin de bres in de dijk te dichten. Toen bood een schipper aan zijn schip, geladen met zand, in het gat te varen. Van Veen nam dit aanbod aan, en de dijk heeft het daardoor gehouden. Van Veen noemde het aanbod van de schipper later: 'Een daad van grote opofferingsgezindheid, zonder één ogenblik van aarzeling uitgevoerd.'

Eerst werden havendammen gemaakt door oude schepen te laten zinken, daarna werden beschermende pieren opgebouwd met die befaamde caissons. Dat waren betonnen blokken, met een dichte bodem, van binnen verdeeld in holle compartimenten. Ze konden drijvend worden vervoerd en dan op iedere gewenste plek tot zinken worden gebracht door de compartimenten vol water te laten lopen. In totaal waren 146 van deze caissons in verschillende afmetingen meegenomen. Zoals de kleine 'beetles' van 1600 ton en de wat grotere 'intermidiates'. De grootste heetten 'Phoenix', zij maten wel $62 \times 19 \times 19$ meter, en hadden een gewicht van 7500 ton.

Bij het sluiten van de vier grote gaten die de geallieerden in 1944 in de dijken van Walcheren hadden geslagen, hadden de Nederlanders al ervaring opgedaan met het gebruik van caissons bij dijkherstel. Het was een moeizame operatie geweest, vooral ook doordat men ruim een jaar met het herstel had moeten wachten. De dijkherstellers waren zich echter maar al te goed bewust dat zij zonder caissons voor een onmogelijke taak hadden gestaan. Vandaar dat zij zich leerden behelpen met deze logge blokken, zelfs zodanig dat ze er ook later bij de afsluiting van de Braakman en de Brielsche Maas gebruik van maakten. Het waren deze hulpmiddelen die ook voor het dijkher-

De meeste dijkdoorbraken ontstonden nadat de binnenkant het had begeven. De buitenzijde was meestal lang tegen het geweld van het water bestand, maar het overslaande water deed de achterkant snel eroderen.
De tekening linksonder geeft aan hoe dat gebeurt, en ook – onderste tekening – hoe deze erosie voor een deel te voorkomen is door het plaatsen van Du Muralt-muurtjes op de kruin van de dijken.
Is een dijk eenmaal

gebroken, dan ontstaat er ter plekke van de breuk al vlug zo'n diep stroomgat dat men bij het herstel een 'inlaagdijk' moet maken. Op deze wijze werd al op 7 februari een dijk in Suzannapolder, gerepareerd (boven). Bij Schelphoek, (rechtsonder, zie ook hoofdtekst) was een inlaagdijk nodig van vier kilometer lengte.

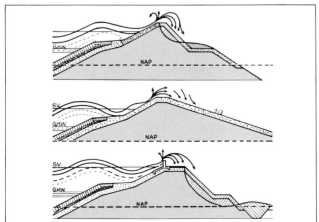

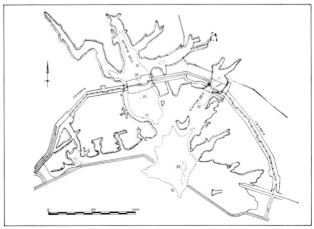

stel in 1953 vaak als enige uitkomst werden gezien.

DE EERSTE MAANDEN na die rampzalige februarinacht voltrok het herstel zich in een razend tempo. Op 1 maart stond al 60.000 hectare van het ondergelopen land weer droog, op 1 april 120.000 hectare, en op 1 mei 180.000 hectare. In diezelfde maand mei waren bovendien alle bressen gerepareerd, en alle stroomgaten op negen na gesloten.

De techniek van het sluiten met caissons was snel vervolmaakt; veel werd gewerkt met zogenaamde 'eenheidscaissons', geprefabriceerde elementen die ter plekke tot caissons van de gewenste grootte aaneengesloten konden worden. Deze elementen waren er in twee afmetingen: bodemstukken met dichte onderkant van $11 \times 7,5 \times 6$ meter, en bodemloze schakelelementen van $11 \times 7,5 \times 2$ meter. Deze onderdelen werden op verschillende werven gemaakt, zodat een snelle produktie werd bereikt.

Voor de moeilijkste sluitingen waren deze caissons

niet voldoende. Hoezeer men ze ook trachtte te vernagelen met zand, stenen of klei, ze werden weggespoeld als de stroming te sterk was. De grote Phoenix-caissons kwamen dan alsnog van pas.

In veel gevallen was het nodig een omtrekkende beweging te maken. Al bij kleine gaten was het vaak onmogelijk de dijken ter plekke van het gat te dichten, en moesten eerst lusvormige 'inlaagdijken' worden aangelegd. Daarbij was het meestal van belang de diepere geulen zolang mogelijk open te houden, opdat de stroom niet zo sterk werd dat hij alle juist aangelegde dijkstukken weer wegsloeg. Bij de grotere gaten was ook dat niet genoeg en waren vaak ingewikkelde strategieën nodig. Een combinatie van alle mogelijke afsluitingstechnieken, veel doorzettingsvermogen en een flinke dosis geluk konden dan niet worden gemist.

Neem bijvoorbeeld het grootste noodgebied van Zuid-Beveland, de polders Kruiningen en Waarde. Samen zo'n 2200 hectare land dat op 1 mei 1953 nog blank stond. Hier begon de reddingsoperatie met het herstellen van een volkomen vernielde binnendijk die ooit de beide polders had gescheiden. Deze dijk moest met zandzakken worden gerepareerd, met groter materieel kon men daar niet komen. Maar, stond bij iedere eb het land voor grote gedeeltes droog, iedere vloed veranderde het weer in een watermassa. In april had de storm nog een dijkstuk weggeslagen waaraan men veertien dagen had geploeterd. Toen begin mei het karwei eindelijk was geklaard, moest men met het echte dichten nog beginnen. Dat was het sluiten van het gat bij Kruiningen, nog steeds niet eenvoudig, maar wel iets minder moeilijk geworden. Dankzij het repareren van de binnendijk kwam er per getij namelijk zo'n 8 miljoen m^3 water minder doorheen dan tevoren.

HET EILAND SCHOUWEN-DUIVELAND bleef het langst onder water. Hier waren in de dijkring wel 58 grote en kleine gaten geslagen, en hier ook bevond zich het grootste gat dat moest worden gedicht, bij Schelphoek aan de zuidkust. Dit stroomgat mat meer dan 500 meter, en per getij stroomde er 130 miljoen m^3 water in en uit dat inmiddels een enorm geulenstelsel in het achterland had doen ontstaan met dieptes van rond de dertig meter.

Begonnen werd met de aanleg van een inlaagdijk, vier kilometer lang, door tijdens iedere vloed kleine

caissons te plaatsen die later de kern van de dijk zouden vormen. De geulen werden daarna met diverse
koppelingen van eenheidscaissons gedicht, al was
soms een Phoenix-caisson noodzakelijk. Op het
laatst waren er nog twee sluitgaten, en om hier verdere uitschuring tegen te gaan moest men de bodem
over een lengte van 2,5 kilometer met zinkstukken
versterken. Daar, in die laatste sluitgaten, werden
tenslotte in vijf dagen in augustus ongeveer 235 eenheidscaissons en een Phoenix-caisson geplaatst. En
nog duurde het tot midden september voor van deze
wankele waterkering een volwaardige zeedijk was
gemaakt.
Toen was het einde in zicht. Er resteerden alleen nog
de gaten bij Ouwerkerk, ook op Schouwen-Duiveland, waar het stroomgat een breedte van 200 meter
had bereikt en per getij zo'n 40 miljoen m^3 water
doorliet. Hier had men de omtrekkende beweging
buitengaats gemaakt, en wilde het dichten van de
laatste sluitgaten niet lukken. De sluiting van het

Onder: De Phoenix-caissons
waren gigantische betonnen
blokken, er was veel handig-
heid voor nodig om ze
precies op het goede moment
op de juiste plek te laten
zinken. Bij Kruiningen ging
het goed, zodat men daar op
24 juli 1953 met een groot
Phoenix-caisson het laatste
gat langs de Westerschelde,
af kon sluiten. Wel was hier

een lange en moeizame strijd
aan voorafgegaan (zie hoofdtekst).

Pagina 42: De herinneringen
aan de ramp bleven nog lang
in het Zeeuwse landschap
aanwezig. Zoals bij
Stadschendijk: de bovenste
foto is in februari 1953
genomen, de onderste een
jaar daarna.

De herfst was al vergevorderd toen men aan het repareren van de laatste dijken toekwam. Het laatste gat, bij Ouwerkerk, wilde maar niet dicht: alle eerdere pogingen faalden door storm of door te sterke stroming. Tot tenslotte een bodembezinksel van circa 80.000 m² werd aangebracht met een bestorting van 700 kilo steen per vierkante meter. Hierop werd vervolgens een drempel gemaakt van 200 meter lang, 65 meter breed en 3 meter hoog, waarvoor ongeveer 55.000 ton steen werd gebruikt.

Daarna werden de landhoofden uitgebouwd met eenheidscaissons, en kon men het sluitgat vernauwen door het plaatsen van drie Phoenix-caissons op respectievelijk 30 oktober, 5 en 6 november.

westelijke gat ging mis tijdens een onverwachte augustusstorm, het oostelijke gat spoelde tegelijkertijd zozeer uit dat daar van voren af aan moest worden begonnen. Nieuwe oplossingen werden bedacht, uitgebreide proeven in het Waterloopkundig Laboratorium gedaan, en uiteindelijk wist men in een paar dagen tijd vier grote Phoenix-caissons in het laatste gat te plaatsen.

Heel Nederland zat aan de radio gekluisterd toen het laatste caisson zijn plaats kreeg, in de nacht van 6 op 7 november. Het bleef een riskante onderneming, en men wist nu uit ervaring hoeveel er fout kon gaan. Het ging goed, waardoor ook het laatste verdronken land nog voor de winter kon worden bemalen. Die 7e november wapperde overal in Nederland de vlag.

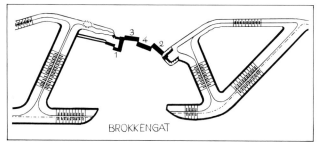

BROKKENGAT

Het laatste Phoenix-caisson werd op 6 november om 23.57 uur geplaatst. Vanwege het nachtelijk uur werd het werk verlicht door ruim 120 grote natriumlampen. Volgens de kronieken gaven deze tezamen evenveel licht als zeven maal de volle maan.

ENGLISH   DEUTSCH

February 1, 1953:   1. Februar 1953:
water, water and still   Wasser, Wasser und
more water.   nochmals Wasser.

THE FLOOD DISASTER

ON FEBRUARY 1, 1953, the super storm flood occurred for which people such as van Veen feared since 1938. On January 31 the water already stood 2.5–3 m higher than usual because of a westerly gale (see weather maps, pp. 34–35); in the evening an emergency situation threatened. From 2 o'clock at night the sea swept over the dikes in many places. Hundreds of people fled to the roofs of their houses. Rescue actions were started immediately and fought a race against the clock; increasingly more people succumbed to the cold, or disappeared with their collapsing houses into the depth. The balance (p. 32): 1835 persons dead, 72,000 evacuated, 47,000 animals and 140,000 poultry died. Over 3000 houses and farms were destroyed, and more than 43,000 houses and farms were damaged. The dikes had about 100 flow gaps (gaps through which the low and high tide water can freely flow), and more than 800 km of dikes were damaged; 200,000 hectares of land were under water.

HOWEVER DISABLED HOLLAND WAS, the recovery had to begin quickly. With each tide the flow gaps expanded, and deeper channels formed behind the dikes. For the extensive damages the use of traditional techniques was inadequate. The sealing could not have been successful without caissons, concrete blocks that the Allies had used in Europe on June 6, 1944, D-Day, to build harbours when they arrived. In 1945 the Dutchmen had already experienced using caissons for dike restoration (p. 17), and after the disaster in 1953 this technique was perfected; 'unit caissons' were often used, prefabricated components which were joined at the site to caissons of the desired size (p. 43).
It was often necessary to make enveloping movements in the form of looping 'inlay dikes'. The deeper channels had to remain open as long as possible so that the current would not wash away all the newly built dike pieces (p. 41). For the larger breaches a combination of all possible techniques, perseverance and luck was necessary. On November 7, 1953, the last breach was closed (p. 44).

DIE ÜBERSCHWEMMUNGSKATASTROPHE

AM 1. FEBRUAR 1953 kündigte sich die Supersturmflut an, die Menschen als Van Veen seit 1938 befürchtet hatten. Am 31. Januar stand das Wasser durch einen Weststurm (siehe Wetterkarten, S. 34 und 35) bereits 2,5 bis 3 m höher als gewöhnlich; gegen Abend drohte die Ausrufung des Notstandes. Ab zwei Uhr nachts schlug die See an vielen Stellen über die Deiche. Hunderte von Menschen flüchteten auf die Dächer ihrer Häuser. Unmittelbar veranlaßte Hilfsaktionen (s. 39) waren ein Wettlauf mit der Zeit: Immer mehr Menschen kamen vor Kälte um oder verschwanden mit ihren einstürzenden Häusern in der Tiefe.
Die Bilanz (Seite 32): 1835 Tote, 72.000 Menschen evakuiert, 47.000 Stück Vieh und 140.000 Stück Federvieh umgekommen. Rund 3000 Wohnungen und Bauernhöfe zerstört, über 43.000 Wohnungen und Bauernhäuser beschädigt. An die 100 Stromöffnungen (Löcher, durch die Ebbe und Flut freies Spiel haben) waren in die Deiche geschlagen und ca. 800 km Deichanlagen waren beschädigt; 200.000 Hektar land stand unter Wasser.

AUCH WAREN DIE NIEDERLANDE NOCH SO SCHWER GETROFFEN, es mußte schnell mit dem Wiederaufbau begonnen werden. Durch die Gezeiten wurden die Strömöffnungen immer mehr vergrößert und bildeten sich tiefe Priele hinter den Deichen. Zur Behebung der großen Schäden war die Anwendung der herkömmlichen Technik unzureichend. Ohne die caissons, Betonblöcke, die von den Alliierten in Europa am 6. Juni 1944, dem D-day, benutzt worden waren, um bei ihrer Ankunft Häfen anzulegen, wäre die Abdichtung der Deiche nicht gelungen. Schon 1945 hatten die Niederländer Erfahrungen im Gebrauch mit caissons bei der Wiederherstellung von Deichanlagen gesammelt (S. 17) und nach der Katastrophe von 1953 ist diese Technik vervollkommnet worden; es wurde vielfach mit 'Einheitscaissons' gearbeitet, vorfabrizierten Elementen, die an Ort und Stelle zu caissons der gewünschten Größe aneinandergeschlossen wurden (S. 43).
Oft war es erforderlich, eine Umgehung in Form von schlaufenförmigen 'Einlagedeichen' zu machen. Dabei mußten die tieferen Priele solange wie möglich offen bleiben, sodaß alle gerade angelegten Deichstücke durch die Strömung nicht wieder weggeschlagen wurden (S. 41). Bei den größeren Öffnungen war eine Kombination aller möglichen Techniken, Durchsetzungsvermögen und Glück nötig. Am 7. November 1953 war das letzte Loch jedoch gedichtet (S. 44).

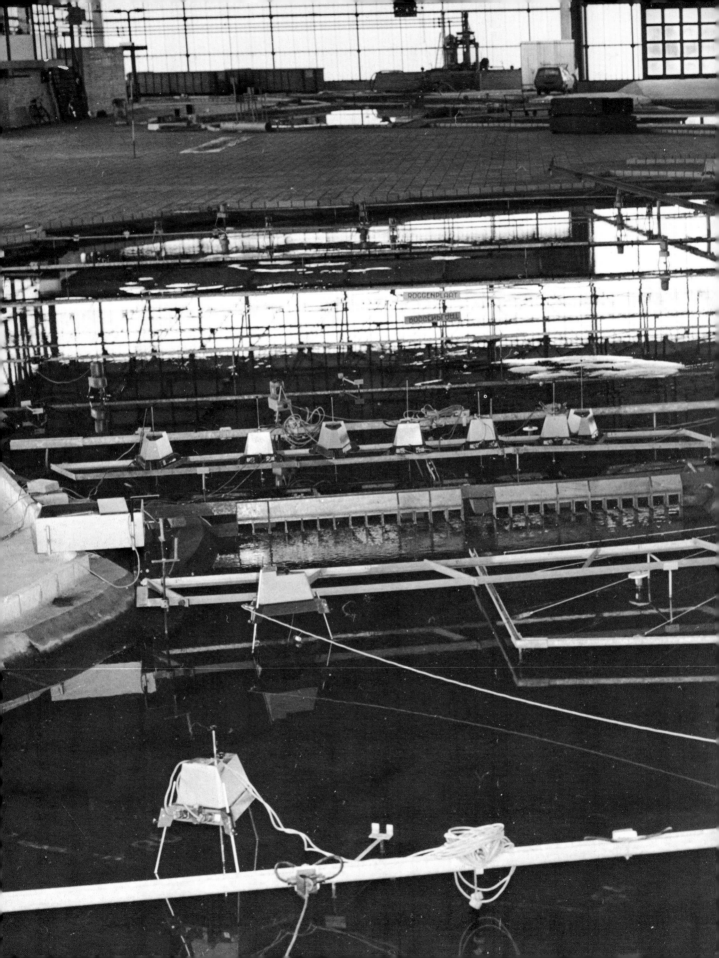

Deltaplan

NA DE WATERSNOODRAMP was de ontzetting in Nederland groot. Terwijl alles op alles werd gezet om de sluitgaten te dichten, de getroffenen op te vangen en hulp te geven, ontstond ook de stemming: dit nooit weer.

Op ruwe wijze was Nederland herinnerd aan zijn kwetsbaarheid; een onaanvaardbare kwetsbaarheid. Al op 18 februari 1953 benoemde de minister van Verkeer en Waterstaat, J. Algera, een commissie van deskundigen die moest onderzoeken 'welke voorzieningen dienen te worden getroffen met betrekking tot de door de stormvloed van 1 Februari 1953 geteisterde gebieden'. De minister vroeg ook expliciet aan deze commissie 'of een afsluiting van de zeearmen zulk een voorziening behoort te vormen' en meteen voegde hij daar aan toe: 'Met het oog op de daarbij betrokken scheepvaartbelangen zou de commissie er daarbij van uit moeten gaan dat de Rotterdamsche Waterweg en de Westerschelde als open vaarweg gehandhaafd dienen te blijven.'

Voorzitter van de commissie van deskundigen werd de directeur-generaal van Rijkswaterstaat, A. G. Maris, en hij was het die de naam 'Deltacommissie' verzon. Secretaris werd J. van Veen, de man van de eerdere studies naar een verbetering van de waterstaatkundige situatie van zuidwest Nederland. In totaal namen 14 deskundigen zitting in de commissie: 12 civiel ingenieurs, een landbouwkundig ingenieur en een econoom.

Was het Nederlandse volk geschrokken, de deskundigen wisten dat het allemaal erger had gekund. De februari-storm had een uitzonderlijke stormvloed veroorzaakt met bij Hoek van Holland een waterstand van 3,85 meter boven NAP. Uitzonderlijk, dat zeker. Maar een analyse van die rampnacht gaf beklemmende uitkomsten.

De windkracht in die nacht was niet extreem hoog. Gemiddeld had de wind aan de kust een snelheid niet hoger dan 27 meter per seconde, terwijl ooit gemiddelde windsnelheden gemeten waren van 35 meter per seconde. De storm had die nacht heviger kunnen zijn met nog hogere waterstanden.

Daarbij: het springtij was op 1 februari 1953 niet echt hoog. Twee weken eerder was het springtij bijvoorbeeld een halve meter hoger. En hoe wrang het klinkt, er waren meer relatief 'gunstige' factoren: de storm was op zijn hevigst toen het nog niet volop hoogwater was, en het water in de Rijn stond niet bij-

Bij het maken van nieuwe plannen wordt veel gebruik gemaakt van onderzoek, bijvoorbeeld in een hydraulisch model. Op verkleinde schaal wordt een zee- of rivierarm in beton nagemaakt waarna het water er doorheen wordt gestuwd; de getijden worden daarmee versneld nagebootst. Meetapparatuur registreert de gevolgen van deze namaak eb en vloed. Op de foto – ook pagina 46 en 47 – een deel van het hydraulisch model in het Waterloopkundig Laboratorium in De Voorst (Noordoostpolder).

zonder hoog. Bij Lobith werd een 'afvoer' gemeten van 1600 kubieke meter per seconde; gemiddeld bedraagt dat zo'n 2200 kubieke meter en er zijn zelfs afvoeren gemeten van 13.000 kubieke meter per seconde. Het lage water in de rivieren gaf de zee de mogelijkheid diep landinwaarts te stromen waardoor minder hoge waterstanden ontstonden.

Het had dus inderdaad erger gekund en hogere stormvloedstanden moesten niet worden uitgesloten.

DE VRAAG WAS ALLEEN: welke hoogte is het uitgangspunt? Die vraag was daarom van belang, omdat de Deltacommissie naderhand nog de opdracht kreeg de invloed van stormvloeden voor de gehele Nederlandse kust te bestuderen.

Het antwoord op die vraag is min of meer willekeurig. Theoretisch is misschien nog wel een waterstand te verzinnen die niet te overtreffen valt (al is dat niet waarschijnlijk), maar het keren van zo'n extreem

De Deltacommissie in vol ornaat op 21 februari 1953. Minister J. Algera heeft hier nog de voorzittershamer in de hand die hij zal overdragen aan zijn rechter buurman, A. G. Maris, de directeur-generaal van Rijkswaterstaat. Helemaal links vooraan zit de secretaris van de commissie, J. van Veen door sommigen wel de 'geestelijke vader van de Deltawerken' genoemd. Geheel rechts J. Th. Thijsse. De commissie bestond uit 12 civiel-ingenieurs, een landbouwkundig ingenieur en een econoom. In totaal brachten deze heren 5 interimrapporten uit die de basis vormden voor de latere Deltawet. Het eindverslag van de commissie verscheen in 1960.

Een blik in het Waterloopkundig Laboratorium in Delft waar de caissons op schaal worden beproefd onder toezicht van J. Th. Thijsse.

Thijsse (1893–1984), zoon van de bioloog Jac. P. Thijsse, studeerde in 1917 als civiel-ingenieur af aan de Technische Hogeschool in Delft. Twee jaar later werd hij toegevoegd lid van de commissie-Lorentz die de drooglegging van de Zuiderzee voorbereidde. In 1920 raakte hij ook daadwerkelijk bij de Zuiderzeewerken betrokken en vanaf 1927 hield hij zich bezig met het water-loopkundig onderzoek ervoor. In datzelfde jaar 1927 was Thijsse een van de oprichters van het waterloopkundig laboratorium in Delft en tot 1960 zou hij daarvan directeur zijn. Van 1936 tot 1963 was hij verder hoogleraar in de hydraulica aan de Technische Hogeschool in Delft.

Thijsse verrichtte in de loop der jaren vooral veel onderzoek naar golf-bewegingen, golfoplopen tegen dijken en naar het gedrag van zeestromingen voor de kust.

Voor en tijdens de oorlog was hij nauw betrokken bij de diverse plannen voor een betere zeewering van zuidwest Nederland. In 1939 nam hij zitting in de 'Storm-vloedcommissie' die de mogelijke hoogtes van stormvloeden moest bestuderen. Een officieel verslag heeft deze commissie nooit uitgebracht, maar in 1940 was al bekend dat zij een 'superstorm' mogelijk achtte waarbij waterstanden voorkomen van 4 meter boven NAP bij Hoek van Holland. Al dertien jaar later deed zich zo'n 'superstorm' voor.

In 1945 gaf Thijsse leiding aan het herstel van de dijken van Walcheren.

Na de watersnoodramp in 1953 was het vanzelfsprekend dat ook Thijsse werd gevraagd deel te nemen aan de Deltacommissie, die zich moest beraden op maatregelen om een dergelijke ramp in de toekomst te voorkomen. In het advies dat de Deltacommissie ten slotte uitbracht, is de inbreng van Thijsse nadrukkelijk aanwezig. Juist op grond van zijn bevindingen op waterloopkundig terrein werd bijvoorbeeld mogelijk geacht de primaire dammen meer zeewaarts te situeren. Thijsse was overigens het enige lid van de Deltacommissie dat oog had voor de gevolgen van de Deltawerken voor het milieu.

hoge stormvloed gaat onnoemlijk veel kosten. De deskundigen moesten daarom praktische en vooral financiële factoren afwegen tegenover een zo groot mogelijke veiligheid.

De commissie koos voor een basispeil van 5 meter boven NAP gemeten bij Hoek van Holland. Dat wil zeggen: men wilde Nederland beschermd zien tegen een stormvloed van ruim een meter hoger dan op 1 februari 1953. Statistisch is uit te rekenen hoe vaak een dergelijke 'hyperstorm' voorkomt: gemiddeld eens in de 10.000 jaar. Alleen, een statistische kans zegt niets over het tijdstip of de frequentie; zo'n 'hyperstorm' kan zich morgen al voordoen, al is die kans klein. Mocht dat onverhoopt gebeuren dan kan de volgende 'hyperstorm' zelfs best over 14 dagen zijn, maar de berekeningen zeggen dat die kans heel erg klein moet worden geacht.

Met het kiezen voor dat basispeil was het begrip 'delta-hoogte' geïntroduceerd: de norm waaraan alle zeeweringen in de toekomst dienden te voldoen. Niet dat deze norm in heel Nederland gelijk was. Voor elk kustgedeelte werd een afzonderlijke norm voor de zeeweringen vastgesteld aan de hand van het uitgangspunt, het weren van een stormvloed van 5 meter boven NAP bij Hoek van Holland.

Bij het vaststellen van de 'delta-hoogte' betrok de commissie meer factoren dan alleen de zee. Zo werd de bodemdaling vastgesteld op 20 centimeter per eeuw; dat is niet de werkelijke daling van de bodem, maar de daling waarmee veiligheidshalve rekening gehouden moet worden. Hetzelfde gebeurde met de kruindaling – het langzaam inzakken van een dijk – bijvoorbeeld door inklinking van de gebruikte materialen. Uitgangspunt hiervoor werd 50 centimeter per eeuw.

MET HET VASTSTELLEN IN CIJFERS was het gevaar waaraan Nederland bloot kon staan nauwkeuriger bekend. Restte de vraag: hoe bereik je een veiligheid tegen dat gevaar? Het antwoord op die vraag is terug te brengen tot een tweeledige keuze. Men kan de bestaande dijken, dammen en duinen verhogen danwel kan men kiezen voor de meer radicale oplossing van het verkorten van de kustlengte. Bijvoorbeeld door de zeearmen af te sluiten.

De commissie koos de radicale oplossing. Het afsluiten van de zeearmen was in haar ogen de beste. Begrijpelijk, gezien de uitkomsten van de vele studies in voorgaande jaren en begrijpelijk ook gezien de wens naar optimale veiligheid. Daarbij speelde voor de commissie ook het aspect van het dijkbeheer. De nieuwe dammen die de zeearmen moesten afsluiten, kwamen onder beheer van het Rijk. Daardoor ontstond meer centralisatie van het dijkbeheer dat tot dan in handen was van een groot aantal locale instanties. En centralisatie, zo geloofde men toen, zou de veiligheid vergroten, omdat dan slechts een instantie het beleid voerde wat makkelijker te controleren viel. Wat betreft de afsluiting van de zeearmen ging de commissie verder dan de laatste plannen die op 29 januari 1953 waren gepubliceerd. In die twee schetsen waren de dammen nog halverwege de zeearmen gedacht. De Deltacommissie onderzocht de mogelijkheid de dammen nog veel meer zeewaarts te plaatsen. Vanwege de stromingen en diepere waters moeilijker uit te voeren, maar de kust werd er korter door en nog meer bestaande dijken zouden dan gaan fungeren als tweede zeekering. Mochten de nieuwe afsluitdammen het begeven, dan braken ze de stormvloed met hun restanten nog zodanig, dat de oude dijken in staat geacht moesten worden de stormvloed alsnog op te vangen.

Berekeningen wezen uit dat zulke ver zeewaarts gelegen dammen zeer wel mogelijk waren. Daardoor zouden elders langs de Noordzeekust hogere waterstanden ontstaan – het water moet toch ergens heen – maar die verhoging kon in centimeters worden uitgedrukt. De commissie was ervan overtuigd dat de aanleg van zulke dammen nog grote technische vraagstukken met zich zou brengen, maar men achtte dit werk uitvoerbaar.

De keus voor afsluiting van de zeearmen werd des te meer onderschreven omdat daarmee een groot zoetwater reservoir kon ontstaan waardoor de verzilting in zuidwest Nederland beter kon worden bestreden. In de aanbevelingen stond evenwel de veiligheid voorop en werd over het gevaar van de verzilting op de tweede plaats gesproken.

Van een verbinding van de Waddeneilanden met dijken, een overigens forse verkorting van de kustlengte, werd voorlopig afgezien. Daarvoor waren twee redenen: de zeeweringen konden in het noorden van het land beter worden verhoogd dan in het zuidwesten en het Waddenplan – hoezeer wenselijk ook – kon met het oog op het beschikbare personeel en materieel niet gelijktijdig worden uitgevoerd met de nog in gang zijnde Zuiderzeewerken (de aanleg van Zuidelijk Flevoland en de Markerwaard) en de Zeeuwse Deltawerken.

UITVOERIG BERAADDE DE COMMISSIE zich over de gevolgen van afsluiting voor Zeeland en Zuid-Holland. Vooral de gevolgen voor de visserij en de schaal- en schelpdierenkwekerij baarde zorgen. Men was ervan doordrongen dat de belangen van deze bedrijfstak voor een groot deel werden opgeofferd voor de veiligheid van zuidwest Nederland. En dat terwijl die visserij toch historisch en gevoelsmatig diep is verbonden met dit gedeelte van Nederland. Wat is Zeeland zonder zijn oesters, wat is dit gedeelte van Nederland zonder zijn haringvangst en garnalenvisserij? Maar niet alleen gevoelsmatig was de visserij belangrijk. Ook voor de economie: in totaal waren – volgens de volkstelling van 1947 – in de af te sluiten gebieden ruim 1700 personen die werkten in de zeevisserij en aanverwante bedrijven. Hiervan waren er ruim 1000 werkzaam in de oester- en mosselteelt en bijna 400 in de garnalenvisserij. Men praat dan over een gemiddelde jaarlijkse export van 1,3 miljoen kilo oesters, 37 miljoen kilo mosselen en 1,8 miljoen kilo ongepelde garnalen.

De commissie koos toch voor afsluiting. Allereerst omdat 'het algemeen belang van de veiligheid' hoger gesteld moest worden dan het economisch belang van de visserij. Maar daarnaast merkte de commissie ook op dat de afsluiting van de dammen nieuwe economische voordelen met zich mee zou brengen (gedacht werd aan de vestiging van meer industrieën in Zeeland) en dat bovendien onderzocht kon worden of de visserij niet naar elders was te verplaatsen, bijvoorbeeld naar de Waddeneilanden. Het ministerie van Landbouw, Visserij en Voedselvoorziening heeft in een laboratorium in Wemeldinge die mogelijkheden onderzocht.

Toch lag dit punt van de visserij heel gevoelig en van verschillende kanten werd er al tijdens het werk van de commissie kritiek geoefend op dit aspect. Alternatieven werden aangedragen en zo staat er in de Memorie van Toelichting op de Deltawet de volgende alinea te lezen: 'In dit verband is wel de vraag opgeworpen, of het wellicht mogelijk zou zijn de afsluitdam van de Oosterschelde van een beweegbare kering te voorzien, die normaal een beperkte getijbeweging op een deel van de Oosterschelde toelaat en

Het verhogen van de dijken is een goed verweer tegen dreigende overstromingen, maar al vroeg heeft men geprobeerd de zaken ingrijpender aan te pakken door de kust zo klein mogelijk te maken opdat het weren van het hoge water overzichtelijker werd. Zo schat men de lengte van de Nederlandse kust in de zestiende eeuw op ruim 3000 kilometer; in 1840 was dat teruggebracht tot ruim 2000 kilometer.
Vooral in de twintigste eeuw gaat het verkorten van de kust in hoog tempo:
1930 - 1950 kilometer

1932 - 1650 kilometer na aanleg Afsluitdijk;
1950 - 1585 kilometer na afsluiting Brielse Maas en Zuider Sloe;
1952 - 1560 kilometer na afsluiting van de Braakman;
1954 - 1550 kilometer na het herstel van de dijkgaten na de Ramp waarbij men soms de gelegenheid te baat nam de kust meteen maar te bekorten;
1957/86 - de Deltawerken - met inbegrip van de doorlaatdam in de Oosterschelde - verkorten de kustlijn met nog eens 700 kilometer tot een totaal van 850 kilometer.

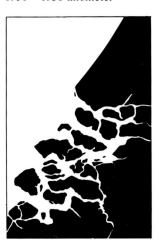
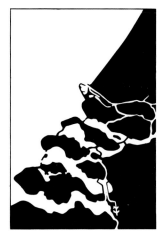

In de loop van deze eeuw werd in toenemende mate op systematische wijze onderzoek verricht naar het gedrag van stromingen, golfbewegingen en zand-verplaatsingen bijvoorbeeld. Allereerst was het nodig dat er gegevens uit de praktijk werden verzameld. Stromingen moesten worden gemeten, zandverschuivingen geregistreerd en waterstanden opgetekend. In de loop van jaren werd daarvoor een groot scala aan zelfregistrerende en vaak electronische apparaten ontworpen. Het onderzoek zelf kan op een aantal manieren plaats vinden. Zo kan men de werkelijkheid op verkleinde schaal nabouwen met betonnen kuststroken en rivieroevers. Door water door het model te laten stromen, kan de getijbeweging worden nagebootst (zie pagina 48 en 50). Overigens moet men meestal de verticale afmetingen (de dieptes) minder verkleinen dan de horizontale afmetingen om een getrouw beeld van de werkelijkheid te krijgen. In Nederland vindt dit onderzoek vanaf 1927 plaats in het Waterloopkundig Laboratorium in Delft en na de oorlog werd in de Noordoostpolder, in De Voorst, een groter model gebouwd. Getijstromingen van water hebben ongeveer hetzelfde gedrag dat elektrische stromen hebben. Vandaar dat men een apparaat ontwikkelde dat op elektrische wijze de getijstromen kan nabootsen: het analogon (rechts). Voor de uitvoering van de Deltawerken ontwikkelde J. C. Schönfeld deze apparatuur tot de Deltar: de Delta-tij-analogen-rekenmachine (boven). Hiermee kan in 3,5 uur een 14-daagse getijperiode worden nagebootst, waarbij de windsnelheid en de windrichting van tevoren kunnen worden bepaald. Zo kan men waterstanden en stroomsnelheden aflezen en kunnen proefondervindelijk de effecten worden bestudeerd van mogelijke dammen.

Ook op wiskundige wijze kunnen effecten van getijden worden berekend. De zeeaders en de rivieren worden onderverdeeld in een aantal vakken met constante eigenschappen zoals profiel, kromming, stroming, weer-stand. Ieder vak krijgt een eigen waarde en daarna worden wiskundige berekeningen uitgevoerd op het geheel van vakken waardoor de onderlinge samenhang van een aantal factoren (snelheid van de golven, waterhoeveelheden) kan worden gemeten.

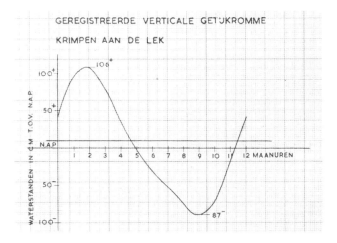

GEREGISTREERDE VERTICALE GETIJKROMME KRIMPEN AAN DE LEK

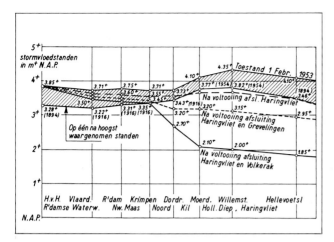

Boven een schematisch overzicht van de hoogwaterstanden op het stelsel van kanalen en rivieren op de Zuidhollandse eilanden. Uitgegaan is van een stormvloed die bij Hoek van Holland een waterpeil van 3,85 meter boven NAP bereikt. Uit de grafiek zijn de verschillende waterpeilen verticaal af te lezen op diverse plaatsen (horizontaal). H.v.H. staat voor Hoek van Holland, Vlaard. is Vlaardingen, Moerd. is Moerdijk. De verschillende lijnen geven verwachtingen aan nadat een aantal Deltawerken zijn uitgevoerd.

Onder een grafiek met de hoogtes van het getij bij Kop van 't Land, een plaats aan de Nieuwe Merwede, tussen de Biesbosch en het Eiland van Dordrecht. De verschillende lijnen geven de waterstanden aan in de 'huidige situatie' (d.w.z. 1955 toen de Haringvlietsluizen nog niet gebouwd waren) en de verwachtingen bij vloed met gesloten en bij eb met gedeeltelijk open sluizen. Aan de hand van dergelijke berekeningen werd de definitieve plaats en vorm van de Haringvlietsluizen bepaald.

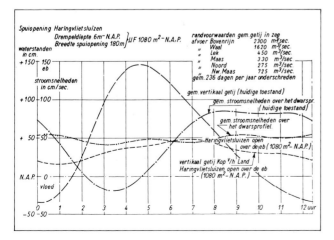

waardoor binnen de dam het water een bepaald zoutgehalte zal behouden, terwijl die kering bij naderende stormvloed gesloten wordt, zodanig dat de veiligheid voldoende is verzekerd. Deze mogelijkheid moet helaas worden verworpen, niet in de eerste plaats vanwege het vervallen van de voordelen voor de landbouw (bedoeld is het zoetwaterreservoir), maar omdat de scheepvaart op de route Westerschelde-Hollandsch Diep dan twee sluizen meer zou moeten passeren dan in de tegenwoordige situatie, en voorts omdat de financiële consequenties van bovenbedoeld, ten behoeve van de visserij uit te voeren werk buiten verhouding staan tot het voor de visserij te bereiken resultaat.'

Men was overtuigd dat men niet zomaar aan de belangen van de visserij voorbij kon gaan, maar evenzozeer wist men dat er hogere belangen waren.

Belangen van de veiligheid. Zeker, de schrik van de stormnacht zat er goed in. Maar meer nog: Nederland was druk doende zich weer op te bouwen uit de oorlogsschade en de hoop was gezet op een snelle industrialisatie van het land.

Vooruitzien was het parool, de zaken groots aanpakken en dat temeer daar men becijferde dat de bevolking in de komende jaren met vele miljoenen zou toenemen.

DAT DE DELTACOMMISSIE KON PUTTEN uit veel voorafgaande studies blijkt onder meer uit de snelheid waarmee ze adviezen uitbracht. Al op 26 mei 1953 bracht ze de eerste twee interimadviezen uit: de dijk op het eiland Schouwen moest snel verhoogd en de Hollandse IJssel diende met spoed door middel van een stormvloedkering te worden afgesloten nabij Krimpen. De situatie van de dijken langs deze rivier was te kritiek om langer te wachten met een stormvloedkering. De adviezen werden opgevolgd.

In het volgende advies (27 februari 1954) sprak de commissie zich al in principe uit voor de afsluiting van de zeearmen en in het vijfde interimadvies (21 oktober 1955) gaf ze een schematische opzet voor de afsluiting van de zeearmen, het eigenlijke Delta-plan. De nadruk valt op schematisch, omdat de commissie wist dat er nog veel studie verricht diende te worden om de juiste en definitieve tracés van de dammen te bepalen.

Behalve de al in uitvoering genomen werken - met name de stormvloedkering in de Hollandse IJssel -

omvatte het Deltaplan:
- afsluiting van het Veerse Gat;
- afsluiting van het Haringvliet;
- afsluiting van het Volkerak;
- werken in het gebied van de Oude Maas;
- dam door de Grevelingen;
- afsluiting van het Brouwershavense Gat en de Oosterschelde;
- versterking van de hoogwaterkeringen aansluitend op de dammen
- overige werken.

In het Deltaplan werd een onderscheid gemaakt tussen primaire en secundaire dammen. Primaire dammen zijn direct aan zee gelegen en moeten de stormvloed keren. De secundaire dammen liggen in een tweede linie achter de primaire dammen. Zij moeten voor een zo regelmatig mogelijke verdeling van het water tussen de zeearmen zorgen. In de praktijk is het namelijk niet mogelijk alle zeearmen tegelijkertijd af te sluiten (gebrek aan materieel en mankracht) en daarom worden ze een voor een afgesloten. Zodra echter een arm is gedicht, bereikt het getij deze afgesloten arm via de nog geopende armen. Daardoor ontstaan stroomversnellingen die de bodem dieper uitschuren en die de afsluiting van volgende zeearmen bemoeilijken. Om dit te voorkomen worden de zeearmen van te voren door de secundaire dammen van elkaar gescheiden.
In principe is het mogelijk na de definitieve afsluiting door primaire dammen de secundaire dammen af te breken. Daar is over gedacht, maar hun voordelen zijn niet uit te vlakken: betere toegangswegen tot de eilanden en een goede regeling van de waterhuishouding. Om dat laatste te bereiken is een stelsel van schutsluizen nodig, die inderdaad hinder voor de scheepvaart opleveren.
Na afsluiting van de zeearmen met dammen ontstaat het probleem van de afvoer van rivier- en regenwater. Vandaar dat in het Haringvliet een reusachtig sluizencomplex werd gedacht met een zo hoge verkeersbrug erover dat ijsbrekers er met gemak onderdoor kunnen varen. Want ook dat probleem werd onderkend. Normaal wordt het ijs gebroken door het wisselend getij, maar bij afwezigheid daarvan zou het weleens nodig zijn bijtijds ijsbrekers in te zetten om de vele ijsschotsen die 's winters wel op de grote rivieren kunnen drijven, te breken.
Veel aandacht - vond de commissie - diende besteed

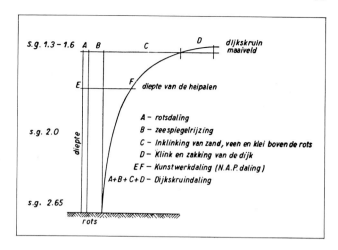

Boven een grafiek waarin de daling van de dijkkruinen (in Waterstaatjargon: 'dijkskruindalingen') wordt weergegeven. De top van een dijk - de kruin - daalt in de loop der tijd. Allereerst doordat het dijklichaam zelf inklinkt, daarna doordat de ondergrond wegzakt (meestal door het gewicht van de dijk zelf), dan ook nog doordat de hele bodem continu zakt (de rotsdaling).
Een andere factor is het stijgen van het zeeniveau. Al deze factoren worden in deze grafiek weergegeven waardoor men een schematisch beeld krijgt van de daling van een dijkkruin.

Onder het door de Deltacommissie voorgestelde tijdsschema voor uitvoering van de Deltawerken. Dit schema heeft slechts historische waarde. In de praktijk is met name bij de bouw van de Oosterschelde drastisch de termijn overschreden. Zie hiervoor het hoofdstuk Politiek, pagina 60 en verder.

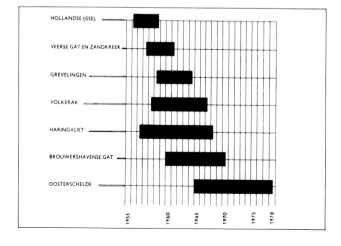

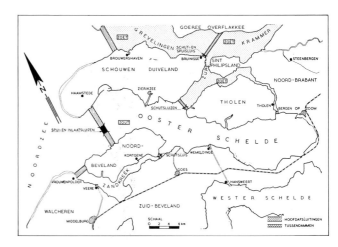

De Deltacommissie was zich ervan bewust dat de door haar voorgestelde werken de ondergang van de visserij betekende. Met name de visserij in de Oosterschelde was ten dode opgeschreven. Weliswaar voorzag het Deltaplan pas een afsluiting van deze zeearm in 1978, maar daarna zouden visserij en schelpdierkwekerij in dit gebied zo goed als onmogelijk zijn, zo werd gedacht. Vandaar dat de commissie even haar gedachten heeft laten gaan over een zogenaamde 'geperforeerde dam' in de Oosterschelde, dat wil zeggen een afsluitdam voorzien van spui en inlaatsluizen waardoor het getij in verminderde mate bleef bestaan (tekening rechtsboven). Men verwierp deze mogelijkheid al gauw: 'de kosten van een en ander zouden in geen verhouding meer staan tegenover de waarde van het behoud der oesterteelt en bovendien zouden op het gebied van de scheepvaart en van de zoetwaterkering zulke

consequenties ontstaan dat deze oplossing niet veel kansen biedt.'
De Oosterschelde moest dus met een vaste afsluitdam worden gesloten. Hierbij deed zich de vraag voor of de aanleg van deze dam moest gebeuren met caissons of via een geleidelijke sluiting door het storten van stenen. In de grafiek hiernaast is te zien dat men in 1956 nog grotere voordelen zag in een sluiting met caissons dan in een geleidelijke methode: het zou niet alleen sneller gaan maar het zou ook met minder sterke stromingen te maken hebben. Later onderzoek wees overigens in precies tegengestelde richting, mede door verbeterde stortings-methoden.
Op de tekening onder de grafiek is te zien hoe men de sluiting van de Oosterschelde zag met doorlaatcaissons (de stalen kleppen werden op de tekening duidelijkheidshalve weggelaten). Onder een vergelijking van de dwarsprofielen van de Afsluitdijk en de gedachte dam in de Oosterschelde.

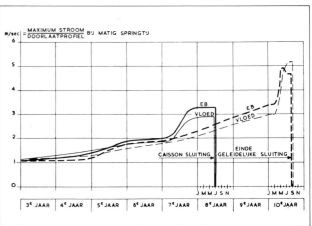

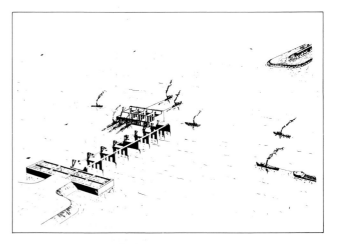

Het allergrootste gevolg van de Deltawerken was nauwelijks goed te overzien: het verdwijnen van het isolement dat veel Zuidhollandse en Zeeuwse eilanden eeuwenlang heeft gevormd. Karakteristieke beelden, lang bestaande gewoontes, trotse folklore en vertrouwde rust gingen sterven. De vooruitgang is immers niet tegen te houden...

te worden aan het samenstellen van een goed schema waarin de diverse werkzaamheden een plaats zouden vinden. Zo zouden de primaire dammen bij voorkeur in de zomer moeten worden afgesloten omdat dan de stormen min of meer afwezig zijn. Maar het schema zat ingewikkelder in elkaar. Er moest rekening worden gehouden met de werkzaamheden in de IJsselmeerpolders en bij de aanleg van de uitbreiding van de Rotterdamse haven in Europoort. Goed moest in de gaten worden gehouden dat er geen gebrek aan materialen zou ontstaan, dat de vervoerscapaciteit steeds voldoende zou zijn en dat men geen onverantwoord grote druk zou uitoefenen op de arbeidsmarkt. Voorkomen diende te worden dat enkele jaren grote groepen mensen aan het werk zouden zijn die daarna ontslagen moesten worden.

NA RIJP BERAAD WERD GEKOZEN voor een schema waarbij het laatste werk in 1978 gereed zou zijn. Bij de indeling van de werkzaamheden is bewust gekozen voor het principe: van klein naar groot. Zo werd begonnen met de afsluiting van het Veerse Gat – de kleinste dam – opdat daarmee kennis en ervaring kon worden opgedaan voor de latere werken. De belangrijkste vaste afsluitingen Veerse Gat, Brouwershavense Gat en Oosterschelde, verhouden zich, gemeten naar het af te sluiten getijvolume, ongeveer als 1:4:16. Telkens een verviervoudiging. Ook in diepte van de vaarwaters lopen deze projecten in moeilijkheid op: Veerse Gat met ongeveer 25 meter diepte en de Oosterschelde met 35 meter. Om geleidelijk alle problemen de baas te kunnen, lag het voor de hand met het Veerse Gat te beginnen en met de Oosterschelde te eindigen.

Naast de spectaculaire dammen in het Delta-gebied was er nog veel meer te doen. De afsluiting van de zeearmen zou grote consequenties hebben. Neem alleen al de polders die tot dan hun overtollig water op natuurlijke wijze loosden bij eb. Die moesten voorzien worden van gemalen. Daarnaast waren er planologische, sociologische en psychologische problemen voor een bevolking die jarenlang, eeuwenlang min of meer geïsoleerd had gewoond en die nu door een wegennet in verbinding kwam met de rest van Europa. Om nog maar te zwijgen van de vele financiële uitkeringen om getroffenen schadeloos te stellen. En dan was er nog de dijkverhoging. Niet alleen moesten de dijken langs de Westerschelde en de Nieuwe Waterweg worden verhoogd, overal in het land moesten de zeeweringen aan een nauwgezet onderzoek worden onderworpen. In het verlengde van de 'deltahoogte' werd dan ook besloten de Friese Lauwerszee af te sluiten door een dijk. Na de vijf interimadviezen van de Deltacommissie zette de minister van verkeer en waterstaat de adviezen om in een wetsontwerp, officieel de 'wet op de afsluiting van de zeearmen tussen de Westerschelde en de Rotterdamsche Waterweg en de versterking van de hoogwaterkering ter beveiliging van het land tegen stormvloeden'. In het spraakgebruik, en later zelfs officieel, werd dit de Delta-wet. Op 5 november 1957 aanvaardde de Tweede Kamer deze wet met 8 stemmen tegen. De Eerste Kamer ging op 7 mei 1958 zonder hoofdelijke stemming accoord en de volgende dag was de wet door de Koningin getekend. Velen dachten dat in 1978 de wet ook voor een groot deel zou zijn uitgevoerd. Dit liep evenwel anders.

Het Deltaplan zoals het door het kabinet in 1956/57 aan de beide Kamers is aangeboden en zoals het ook door de Volksvertegenwoordiging is aanvaard. Onder: minister J. Algera licht in de Tweede Kamer zijn ontwerp voor de Deltawet toe.

ENGLISH

DEUTSCH

The view of the islands in South-Holland and Zeeland before the Delta Plan took them out of their isolation. Opposite page: the Delta Plan as accepted in 1957.

Das Bild der Zuidhollandse und Zeeuwse Inseln, bevor der Deltaplan sie aus ihrer Isoliertheit geholt hat.
Andere Seite: Der Deltaplan, wie er 1957 angenommen wurde.

THE DELTA PLAN

AFTER THE DISASTER there was much dismay. Already on February 18, 1953, the government appointed a committee to investigate how to prevent such a disaster in the future. The Chairman was the Director of the Rijkswaterstaat (p.49), A. G. Maris, and J. van Veen, the man of the studies beginning on page 18, became secretary. After extensive study (p. 53) the committee wanted to see Holland protected against a storm flood of more than one meter higher than on February 1, 1953: the 'delta-height'. Theoretically this protection can be achieved in two ways: to heighten the existing sea defences or to shorten the length of the coast by closing off arms of the sea. The committee chose the latter in view of optimal safety: if the new dams would fail then the old dikes could still intercept the storm flood. In addition, closing off the arms resulted in a large fresh water reservoir against oversalting.

LARGE PRIORITY was given by the committee to heightening the dikes at Schouwen and constructing a storm flood dam in the Hollandse IJssel. This was already started in 1954. In 1955 the committee came to the expanded 'Delta Plan': closing off the Veerse Gat, Haringvliet, Volkerak, Grevelingen, Brouwershavense Gat and the Oosterschelde. Besides that strengthening the other dunes and dikes and adjusting the flood gates, pumps etc.
The Delta Plan distinguishes between primary and secondary dams. Primary dams are located directly at the sea and must stop storm floods. Secondary dams form a second line behind the primary dams. In practice the arms of the sea are closed off one by one. However, as soon as one arm has been closed off, the tide reaches the closed off arm via the still open sea arms. Resulting in rapids which make the closing of the next sea arms difficult. In order to avoid this the sea arms are separated from each other beforehand by the secondary dams.
After closing off the sea arms the problem of the drainage of rivers and rain water arises. Hence the huge flood gates in the Haringvliet. When dividing the work – that had to be finished in 1978 – it was chosen to start with the smaller dams in order to acquire knowledge and experience for the later bigger projects.

DER DELTAPLAN

NACH DER KATASTROPHE war das Entsetzen groß. Bereits am 18. Februar 1953 ernannte die Regierung eine Kommission zur Untersuchung der Möglichkeiten, eine solche Katastrophe in Zukunft zu verhindern. Vorsitzender (S. 49) wurde der Direktor des Staatl. Wasserbauamtes, A. G. Maris, und Sekretär J. van Veen, der Mann hinter den Studien ab Seite 18. Nach gründlichem Studium war das Bestreben der Kommission darauf gerichtet, die Niederlande gegen eine gut 1 m höhere Sturmflut als die vom 1. Februar 1953 zu schützen: Die 'Deltahöhe'. Theoretisch ist dieser Schutz auf zweierlei Arten zu erreichen: Durch die Erhöhung der vorhandenen Schutzanlagen oder über die Verkürzung der Küstenlänge durch Absperrung von Seearmen. Die Kommission entschied sich für Letzteres im Hinblick auf ein Höchstmaß an Sicherheit: Sollten die neuen Dämme nachgeben, dann konnten die alten Deichanlagen die Sturmflut dennoch auffangen. Die Absperrung der Seearme bedeutete darüber hinaus ein großes Süßwasserreservoir gegen die Versalzung.

GROSSE PRIORITÄT verlieh die Kommission der Erhöhung der Deiche auf Schouwen und dem Bau einer Sturmflut-Schutzablage in der Holländischen IJssel. Hiermit ist bereits 1954 begonnen worden. 1955 kam die Kommission zur Fortsetzung des 'Deltaplanes': Absperrung von Veerse Gat, Haringvliet, Volkerak, Grevelingen, Brouwershavense Gat und Oosterschelde.
Darüber hinaus Verstärkung der übrigen Dünen- und Deichanlagen sowie Anpassungen von Schleusen, Pumpwerken u.ä.
Im Deltaplan wurde zwischen primären und sekundären Dämmen unterschieden. Primäre Dämme liegen direkt an der See und müssen die Sturmflut abhalten. Die sekundären Dämme liegen in einer zweiten Linie hinter den primären Dämmen. In der Praxis werden die Seearme nacheinander abgeschlossen. Sobald jedoch ein Arm gedichtet ist, erreichen die Gezeiten diesen abgeschlossenen Arm über die noch offenen Seearme. Dadurch entstehen Stromschnellen, welche die Absperrung der folgenden Seearme erschweren. Um dieses zu verhindern, werden die Seearme schon vorher durch die sekundären Dämme voneinander getrennt.
Nach absperrung der Seearme entsteht das Problem der Abfuhr des Fluß- und Regenwassers. Daher die Riesenschleusen im Haringvliet. Bei der Einteilung der Arbeiten – die 1978 fertiggestellt sein mußten – entschied man sich für den Beginn mit kleineren Dämmen, um so Kenntnisse und Erfahrungen für spätere, größere Projekte zu sammeln.

246 WET *van 8 mei 1958, houdende de afsluiting van de zeearmen tussen de Westerschelde en de Rotterdamsche Waterweg en de versterking van de hoogwaterkering ter beveiliging van het land tegen stormvloeden (Deltawet).*

WIJ JULIANA, BIJ DE GRATIE GODS, KONINGIN DER NEDERLANDEN, PRINSES VAN ORANJE-NASSAU, ENZ., ENZ., ENZ.

Allen, die deze zullen zien of horen lezen, saluut! doen te weten:

Alzo Wij in overweging genomen hebben, dat de afsluiting van de zeearmen tussen de Westerschelde en de Rotterdamsche Waterweg en de versterking van de hoogwaterkering noodzakelijk is ter beveiliging van het land tegen hoge stormvloeden;

Zo is het, dat Wij, de Raad van State gehoord, en met gemeen overleg der Staten-Generaal, hebben goedgevonden en verstaan, gelijk Wij goedvinden en verstaan bij deze:

Artikel 1. Ter beveiliging van het land tegen hoge stormvloeden worden werken uitgevoerd:

I. *a.* tot afsluiting van de zeearmen tussen de Westerschelde en de Rotterdamsche Waterweg door waterkeringen, lopende van Walcheren naar Noord-Beveland, van Noord-Beveland naar Schouwen, van Schouwen naar Goeree-Overflakkee, van Goeree-Overflakkee naar Voorne;

b. tot afsluiting van met bedoelde zeearmen in open verbinding staande wateren, voorzover noodzakelijk of wenselijk in verband met de werken, bedoeld onder *a;*

II. tot versterking van de hoogwaterkering langs:

a. de zee tussen de Belgische grens bij het Zwin en de Westerschelde;

b. de Westerschelde van de zee tot de Belgische grens;

c. de kust tussen de Westerschelde en de Rotterdamsche Waterweg, zeewaarts van de werken, bedoeld onder I *a;*

d. de Rotterdamsche Waterweg en daarmede in open verbinding staande wateren;

e. het overige deel van de kust met inbegrip van die van de Wadden-eilanden.

Artikel 2. 1. De werken, bedoeld in artikel 1 onder I, worden uitgevoerd door het Rijk.

2. De werken, bedoeld in artikel 1 onder II, worden uitgevoerd door de beheerders dan wel door degenen die daartoe uit anderen hoofde verplicht zijn.

3. De plannen ter uitvoering van de werken bedoeld in artikel 1 onder I en onder II*c* worden door Ons op voordracht van Onze Minister van Verkeer en Waterstaat, na overleg met Gedeputeerde Staten, vastgesteld.

4. De ontwerpen met toelichtingen voor de werken bedoeld in artikel 1 onder II*a, b, d* en *e* worden vastgesteld door Onze voornoemde Minister, na overleg met degenen, die tot de uitvoering zijn gehouden.

Artikel 3. 1. Voorzieningen betreffende waterstaatswerken, welke naar het oordeel van Onze voornoemde Minister in het algemeen belang noodzakelijk of wenselijk zijn als gevolg van de uitvoering van de in artikel 1 bedoelde werken, worden door het Rijk getroffen, tenzij het volgende lid van dit artikel daarop van toepassing is.

2. Indien als gevolg van de uitvoering van de in artikel 1 bedoelde werken voorzieningen moeten worden getroffen ter aanpassing van bestaande waterstaatswerken of nieuwe vervangende werken tot stand moeten worden gebracht, geschiedt dit door de beheerders dan wel door degenen, die daartoe uit anderen hoofde verplicht zijn.

Artikel 4. 1. Indien het naar Ons oordeel gewenst is de uitvoering van een werk, als bedoeld in artikel 1 onder II, te doen samengaan met die van een werk, als bedoeld in dat artikel onder I, kan de betrokken hoogwaterkering, in beheer of onderhoud bij anderen dan het Rijk, door Ons, Provinciale Staten gehoord, bij het Rijk in beheer of onderhoud worden genomen.

2. Het bepaalde in het eerste lid is eveneens van toepassing, indien het naar Ons oordeel gewenst is de uitvoering te doen samengaan van werken, als bedoeld in artikel 1 onder II.

3. Na de uitvoering wordt de hoogwaterkering door Ons weder in beheer of onderhoud teruggegeven, met dien verstande dat de overdracht, indien de staten der provincie intussen onder Onze goedkeuring wijziging in het beheer of onderhoud hebben gebracht, aan de instelling geschiedt die daarmede alsdan is belast.

4. Wij behouden Ons voor in afwijking van het bepaalde in het derde lid, Provinciale Staten gehoord, de hoogwaterkering in beheer of onderhoud bij het Rijk te houden, indien zulks in het algemeen belang noodzakelijk of wenselijk is.

Artikel 5. 1. De kosten van de werken, bedoeld in de artikelen 1 onder I en 3, eerste lid, worden door het Rijk gedragen behoudens aan anderen krachtens afzonderlijke wet op te leggen bijdragen.

2. De kosten van de werken, bedoeld in artikel 1 onder II, welke door het Rijk zijn uitgevoerd, worden vergoed door degenen, bij wie de betreffende hoogwaterkering na de uitvoering in beheer of onderhoud wordt overgebracht. Het bepaalde in het eerste lid is van overeenkomstige toepassing, indien de hoogwaterkering krachtens artikel 4, vierde lid, bij het Rijk in beheer of onderhoud wordt gehouden.

3. In de kosten van de werken, bedoeld in de artikelen 1 onder II en 3, tweede lid, kan van rijkswege volgens bij of krachtens afzonderlijke wet te stellen regelen een bijdrage worden verleend.

Artikel 6. Indien ingevolge de artikelen 1 of 3 werken worden uitgevoerd of voorzieningen worden getroffen door anderen dan het Rijk, kunnen aan dezen daartoe voorschotten uit 's Rijks kas ter beschikking worden gesteld.

Artikel 7. 1. Indien tengevolge of mede tengevolge van de uitvoering van de in artikel 1 aangeduide werken buitendijkse of andere droogvallende gronden een waardevermeerdering ondergaan, kan zonder voorafgaande verklaring bij de wet dat het algemeen nut onteigening vordert onteigening plaatsvinden, tenzij met de rechthebbenden overeenstemming bestaat omtrent een door dezen aan het Rijk deswege te betalen vergoeding en de uitvoering van een doelmatige verkaveling.

2. De onteigening geschiedt ten name van het Rijk of van een door Ons aan te wijzen rechtspersoonlijkheid bezittend lichaam.

3. Artikel 649, tweede lid, van het Burgerlijk Wetboek is op zodanige gronden niet van toepassing.

4. Op deze onteigening zijn van toepassing de artikelen 125, eerste lid, 126, eerste lid aanhef en onder 2e, 126, tweede lid, 127, 128, 130, 131, 132, eerste lid, 133 t/m 139 van de

Onteigeningswet [1]). Bij de berekening van de schadevergoeding komt slechts de waarde in aanmerking, die het onteigende zou hebben gehad, indien de in het eerste lid bedoelde werken niet waren uitgevoerd. De vergoeding van de waarde van het onteigende geschiedt door overdracht in eigendom van grond, indien de onteigende eigenaar zulks verzoekt.

Artikel 8. Bij of krachtens afzonderlijke wet worden regelen gesteld omtrent tegemoetkoming hetzij door het treffen van voorzieningen, hetzij in geld, in schade, welke door de in artikel 1 onder I bedoelde werken voor de visserij en aanverwante bedrijven en voor andere daarvoor in aanmerking komenden ontstaat.

Artikel 9. 1. De artikelen 33 t/m 36 van de Waterstaatswet 1900 [2]) zijn niet van toepassing op de werken bedoeld in artikel 1 onder I en onder IIc.

2. Op de werken, bedoeld in artikel 1 onder I is de wet van 14 Juli 1904, *Stb.* 147, houdende bepalingen omtrent het ondernemen van droogmakerijen en indijkingen niet van toepassing.

Artikel 10. Deze wet kan worden aangehaald als „Deltawet".

Lasten en bevelen, dat deze in het *Staatsblad* zal worden geplaatst, en dat alle Ministeriële Departementen, Autoriteiten, Colleges en Ambtenaren, wie zulks aangaat, aan de nauwkeurige uitvoering de hand zullen houden.

Gegeven ten Paleize Soestdijk, 8 mei 1958.

JULIANA.

De Minister van Verkeer en Waterstaat,
J. ALGERA.

De Minister van Financiën,
HOFSTRA.

De Minister van Landbouw, Visserij en Voedselvoorziening,
A. VONDELING.

Uitgegeven de *derde* juni 1958.

De Minister van Justitie,
SAMKALDEN.

Zie voor de behandeling in de Staten-Generaal:
Bijl. Hand. II 55/56, 4167;
Bijl. Hand. II 56/57, 4167;
Bijl. Hand. II 57/58, 4167; Hand. II 57/58, bladz. 3019—3161;
Bijl. Hand. I 57/58, 4167; Hand. I 57/58, bladz. 3289—3321, 3335—3346.

---

[1]) *Stb.* 1851, 125, laatstelijk gewijzigd bij de wet van 2 mei 1958 (*Stb.* 219).
[2]) *Stb.* 1900, 176, laatstelijk gewijzigd bij de wet van 1 juni 1951 (*Stb.* 198).

Politiek

'MOGE SINT PAULUS' WOORD, tot de Romeinen gericht, bewaarheid worden: God bestemde het kwaad, opdat er goed uit worde geboren.' Even is het stil, dan klatert een beschaafd applaus op. Geen alledaags gebeuren in de Tweede Kamer van de Staten-Generaal, maar die dag, 5 november 1957, is er reden voor. Na het oplezen van 107 namen van voorstemmers en 8 namen van tegenstemmers, neemt voorzitter L. G. Kortenhorst nog het woord: 'Het is geen gewoonte dat uw voorzitter na aanneming van een wetsontwerp namens u nog het woord voert. Gij zult het echter billijken – een parlementaire gewoonte mag geen tiran worden –, dat ik deze historische vergadering niet sluiten wil zonder een gelukwens uit te spreken tot allen, die het moment mogelijk hebben gemaakt, dat in den lande met zoveel spanning is verbeid.'

Dat moment is de aanvaarding van de Deltawet door de Tweede Kamer. Geen gering iets. Niet alleen een langdurig – het Deltaplan duurt ruim dertig jaar – maar ook een kostbaar project. Alleen al voor de uitvoering van de dijkverhogingen en de aanleg van de dijken is een bedrag begroot van f 3.375.000.000 (3,3 miljard gulden), met nog een klein miljard aan bijkomende kosten. Weliswaar hoeft dat geld niet meteen op tafel te komen, maar het is toch formidabel. Zeker voor een land dat nog druk bezig is zich te herstellen van de oorlogsschade en nog bezig is met een ander groot waterstaatkundig project in het IJsselmeer.

De beelden van de watersnoodramp zijn nog te vers, nog te indringend om echt bezwaren tegen dit nieuwe plan aan te voeren dat immers de veiligheid van Nederland, en Zeeland in het bijzonder, moet garanderen. Toch was er een rijtje namen dat voorzitter Kortenhorst inleidde met: 'Tegen hebben gestemd de heren De Kort, Bachg, J. M. Peters, Van den Heuvel, Van Doorn, W. J. G. Peters, Romme en Lucas'. Allen KVP'ers die grondwettelijke bezwaren hebben tegen de in artikel 4 van de Deltawet omschreven bevoegdheden. Heel wat pittige discussies hebben zich daarover binnen, maar ook buiten de Kamer voorgedaan. Het kamerlid Van den Heuvel vat de kwestie samen met de vraag 'in hoeverre artikel 4, dat de bevoegdheid tot wijziging van de inrichting van een waterschap aan de Kroon verleent, in strijd is met de in artikel 206 van de Grondwet alleen aan de Staten der Provincie gegeven bevoegdheid de inrichting van een Waterschap vast te stellen en te wijzigen'.

Een deel van de KVP verzet zich tegen het feit dat het dijkbeheer nu voor een groot deel vanuit Den Haag gaat plaatsvinden. Verzet tegen centralisatie dus. Ook fractieleider Romme mengt zich in het debat en hij zegt onomwonden dat het om meer gaat dan alleen de grondwet. Romme: 'Ik geloof, dat wij veel te veel met onze gedachten zitten in een zekere sleur,

Op de voorgaande pagina's 60 en 61 een facsimilé van de Deltawet, zoals gepubliceerd op 8 mei 1958 in het Staatsblad, nummer 246. Hiernaast: Na aanvaarding van de Deltawet op 5 november 1957 in de Tweede Kamer, feliciteert de voorzitter van de Kamer, L. G. Kortenhorst, als een van de eersten de minister van Verkeer en Waterstaat, J. Algera, met het bereikte resultaat. Tussen de beide handenschuddende heren kijkt de fractievoorzitter van de PvdA, J. A. W. Burger, recht in de camera.

die naar de centralistische kant toegaat. Wij hebben hier een geval, waarin naar mijn gevoelen de Grondwet zelf het decentralisatiesysteem uitdrukkelijk heeft vervat in haar bepalingen. Maar ook wanneer dat niet zo was, moeten wij ons dan niet op het standpunt stellen van 'hands off' tot op het ogenblik dat blijkt, dat de lagere macht, die primair verantwoordelijk is, haar plicht niet doet, in verzuim is en de veiligheid of weet ik wat verder van het land in ernstig gevaar brengt? Dan, en niet eerder, is het ogenblik daar, waarop men nader kan overwegen of het Rijk moet ingrijpen en vooral hoe het Rijk moet ingrijpen.'
Algera antwoordt Romme dat het 'beter is (te) voorkomen dan genezen en ik wil in dat opzicht zo weinig mogelijk risico nemen.' Romme: 'Ik geloof dat dan toch geen lid van de Kamer van mij zou kunnen verlangen, dat ik aan een wet, hoe dierbaar die mij op zichzelf ook is, mijn stem zal geven, want het is dan hogere plicht, die mij gebiedt mijn stem eraan te onthouden.'
Hoogdravende woorden voor een principieel verzet tegen meer staatsbemoeienis. Vlak voor de stemming legt Romme nog een stemverklaring af waarin hij zegt dat zijn tegenstem 'zeer tot ons leedwezen geschiedt.' Tegenstemmen en eigenlijk toch voor het wetsontwerp zijn. Vandaar dat voorzitter Kortenhorst (KVP) toch maar van een 'historische vergadering' spreekt en na afloop van de stemmingen zijn gelukwensen uitbrengt: 'Een gelukwens wegens de voortreffelijke samenwerking, zowel op het technische als op het politieke vlak, die het mogelijk heeft gemaakt, plannen te ontwerpen en daaraan een begin van uitvoering te geven tot het volbrengen van een grootscheeps werk, dat tot in verre geslachten zal worden betiteld als vooruitziend, ingenieus, gedurfd en doortastend'.

'VOORUITZIEND, INGENIEUS, GEDURFD en doortastend.' Het zijn woorden die door grote delen van het Nederlandse volk worden gedeeld. Men is maar wat trots op het voortvarende werk van de Deltacommissie. Voor de meesten past het bravourstukje van de Deltawerken in de sfeer 'waarin een klein land groot kan zijn'. Het zijn nog altijd de jaren van eensgezinde wederopbouw, van de schouders eronder, werken aan de toekomst.
't Is waar, er zijn enkele kritische geluiden. Zo publiceert in 1955 de Contact Commissie voor Natuur- en Landschapsbescherming de brochure 'Delta Plannen' waarin gesteld wordt dat de afsluiting van de zeearmen onvoorstelbare gevolgen heeft voor een uniek milieugebied. De commissie bepleit alsnog een onderzoek naar een geperforeerde dam. Een jaar later, in 1956, publiceert de jongerenvereniging van de ARP, ARJOS, 'De Antirevolutionair en het Deltaplan voor Zeeland': bezorgdheid voor de toekomst van de visserij en de schelpdierencultuur. Ook zij willen een geperforeerde dam; niet onbegrijpelijk, gezien de hechte achterban die de ARP vanouds in Zeeland heeft.
Vandaar dat het antirevolutionaire kamerlid Van der Zaal in de kamerdebatten over de Deltawet het opneemt voor de belangen van de visserij die in Zeeland wel een heel grote tol moet betalen voor die veiligheid. Hij dringt zelfs aan op een onafhankelijke commissie die een rapport kan opstellen tegen de zijns inziens wel erg eenzijdige Deltacommissie. Van der Zaal bepleit zelfs een verhoging van de dijken langs de Oosterschelde zoals bij de Westerschelde. Hij spreekt niet zozeer voor dovemansoren dan toch wel voor een publiek dat hem niet wil volgen. De veiligheid staat immers voorop, en Van der Zaal legt zich er loyaal bij neer. Zijn naam wordt door voorzitter Kortenhorst afgeroepen bij de 107 voorstemmers.

HET IS KRITIEK IN DE MARGE. Al voor de Deltawet officieel is goedgekeurd, wordt er hard gewerkt aan de verwezenlijking van de Deltawerken. In 1956 is binnen Rijkswaterstaat de speciale Deltadienst opgericht, die de werken moet ontwikkelen en uitvoeren. Met veel geld en veel deskundigheid wordt binnen die dienst een groots research- en uitvoeringsorgaan opgebouwd. De waterstaatkundigen kunnen vrijwel onbelemmerd hun gang gaan en krijgen bovendien gemakkelijk toegang tot belangrijke politici, zoals de minister van Verkeer en Waterstaat.
De grote goodwill die 'de jongens van Rijkswaterstaat' al hebben, wordt vakkundig onderbouwd door een perfect werkende voorlichtingsdienst en een ogenschijnlijk open houding naar het publiek. Duizenden en duizenden mensen trekken in busladingen naar de Deltawerken om de werken in aanbouw te zien. Kranten en weekbladen zijn er wat happig op om foto's te plaatsen van alweer een nieuwe stap voorwaarts in onze nationale trots. Foto's, vaak gratis door Rijkswaterstaat beschikbaar gesteld.

De 'Deltaboys' kunnen eigenlijk niets fout doen. Als er al eens met een grote knal een kabel knapt bij een technisch novum, dan is dat geen aanleiding tot kritiek. Integendeel. Breed wordt dan weer eens uitgesponnen hoe groot de problemen zijn en voor welke moeilijke vraagstukken de ingenieurs wel niet staan. Maar, lezers, zij klaren het!

Dat de vissers in dat gebied bij de afsluiting van het Veerse Gat – in 1961 – zelfs tot harde acties overgaan, wordt een beetje meewarig afgedaan. Ach, die vissers, zij worden toch schadeloos gesteld? Is er niet speciaal voor hen een wet voor de schaderegelingen... Hun belangen moeten maar wijken voor nieuwe, imposantere.

Want Nederland verandert in een nauwelijks bij te houden tempo in een hoog geïndustrialiseerd land met een bijna explosief groeiende welvaart. Sinds 1963 is Rotterdam de grootste haven van de wereld – om maar eens wat te noemen – en nog altijd is het eind niet in zicht. Statistici en demografen voorspellen voor het jaar 2000 een bevolking van 18 miljoen en zoals het Deltaplan een kwestie is van vooruitzien, zo zien landelijke en locale bestuurders het als hun plicht om ook op die verwachtingen in te spelen.

Rotterdam voorop. Al in 1965 wordt het natuurgebied De Beer op het eiland Voorne, vlakbij Den Briel, van de aardbodem weggevaagd en wordt het omgevormd tot Rotterdams nieuwste havenuitbreiding: Europoort. En men weet dat het nog niet genoeg is. Oud-burgemeester Aschoff van Terneuzen noemt in 1966 het gebied tussen Waterweg en Westerschelde al de 'Gouden Delta' en hij heeft daarbij de belangrijke industrie- en havengebieden op het oog. In december 1966 toont Het Vrije Volk dat idee van een Gouden Delta concreet. Op een paginagrote tekening wordt aangegeven waar de havens en industrieën van de toekomst hun plaats kunnen krijgen: bij Terneuzen, Vlissingen, Oosterscheldedam, langs het Haringvliet, in de Biesbosch en natuurlijk langs de gehele Nieuwe Waterweg tot ver in zee. Wie wat ruimer kijkt mag best Dordrecht erbij rekenen en zelfs Antwerpen.

Dat Het Vrije Volk goed mikt, blijkt een paar jaar later. In februari 1969 publiceert de directeur van de Rotterdamse haven, F. Posthuma, het Plan 2000 + waarin dergelijke ideeën op grote bijlagen zijn aangegeven. Posthuma bepleit zelfs een meer landinwaarts gelegen dam in de Oosterschelde opdat daar een grote zeehaven kan worden aangelegd.

Het zijn ontwikkelingen die door de meeste Zeeuwen welwillend worden begroet. Zeeland zal eindelijk zijn isolement verliezen; het moet het hart van de Gouden Delta worden.

EEN TOEKOMSTIGE GOUDEN DELTA... Hoe prachtig dat vooruitzicht. Alleen, voor enkelen is Zeeland al de Gouden Delta. Die enkelen zien de rijkdom in de natuur, maar vooral in de zeearmen. Zij zijn zich ervan bewust dat dit Deltagebied met zijn overgang tussen zoet en zout water, met zijn getijden een gebied is, uniek in de wereld.

Die enkelen worden er steeds meer. Het besef groeit dat Nederland niet alles moet opofferen aan de gouden kalveren Vooruitgang en Welvaart. Wat economen en sociologen al hebben geconstateerd, beginnen in de loop van de jaren zestig ook politici te merken: de eensgezindheid die de jaren vijftig zo kenmerkte, verdwijnt. Niet langer is er de sfeer van saamhorig Nederland opbouwen. Meningen komen tegenover elkaar te staan. De belangen gaan niet langer meer gelijk op.

Uit zich dat aanvankelijk in verschillen over de lonen – jarenlang kunstmatig laaggehouden –, de polarisatie dringt nu verder door in de samenleving. Gezag wordt, zeker door jongeren, niet meer vanzelfsprekend aangenomen.

Daarbij verruimt zich het inzicht dat een samenleving niet langer alleen gebaat is bij techniek en economie. Andere wetenschappen komen opzetten, wetenschappen die vooral een zo breed mogelijke visie op de samenleving voorstaan. Zo verschijnen in 1960 en in 1966 twee regeringsnota's over de Ruimtelijke Ordening waarbij men de ontwikkeling van Nederland op brede schaal tracht te sturen.

In de tweede helft van de jaren zestig zullen de ontwikkelingen zelfs tumultueus zijn. Met nieuw elan wordt naar de toekomst gekeken, jongeren rebelleren tegen gevestigde gebruiken en instanties, intellectuelen wensen de verbeelding aan de macht. De vermeende verstarring in de politiek leidt tot nieuwe politieke partijen.

Als het Koninklijk Zeeuws Genootschap van Wetenschappen voor 23 april 1967 een congres belegt over de 'Oosterschelde en de Delta' is het niet zozeer dat nieuwe elan dat hiertoe de aanleiding geeft, maar wel al een wat meer relativerende kijk op de toekomst. De

Op een De Muralt-muur –
zie hoofdstuk Geschiedenis –
wordt begin jaren zeventig
door actiegroepen de slogan
gekalkt:
'Oosterschelde Open!!' Niet
lang daarna is dat veranderd
in 'Oosterschelde Open?? Dat
nooit!!!'

organisatoren denken nog dat die dag een rustige uitwisseling van meningen kan plaatsvinden die alle uitgenodigde partijen tot nut zal zijn.

Het verloopt anders. De sprekers van Rijkswaterstaat zorgen voor irritatie. Niet omdat hun verhaal bekend is (het gaat primair om de veiligheid van Zeeland, dus de Oosterschelde moet worden afgesloten), maar wel omdat veel vragen niet worden beantwoord. Als uitlekt dat enkele functionarissen binnen de Deltadienst een 'spreekverbod' hebben gekregen, is de boot aan. Het congres eindigt wat verbitterd. De polarisatie heeft de Oosterschelde bereikt.

OP DIE VOORJAARSDAG in 1967, op het congres over de Oosterschelde en de Delta, ligt de wortel en de essentie van een conflict dat het begin van de jaren zeventig gaat beheersen. Achteraf gezien zijn er dan alle elementen aanwezig die zoveel conflicten uit die tijd hebben bepaald: een groep mensen die aanvoelt dat de tijd rijp is om het anders te doen, die voelt dat 'het trillingsgetal' om andere maatregelen vraagt; daartegenover een verstard apparaat, bestuurd door mensen die nauwelijks oog hebben voor de veranderingen en heilig geloven in bestaande idealen.

De Deltadienst hoort al meer dan tien jaar 'ahhhs' en 'ohhhs', niet alleen van het grote publiek, maar ook vanuit de politiek. Men is zich er maar wat van bewust iets groots en goeds te doen voor het Nederlandse volk. Onbedreigd maken de ambtenaren zich op voor de apotheose, het klapstuk dat vele goedbetaalde carrières moet afronden: het dichten van de Oosterschelde.

Het ongenoegen van het congres blijft evenwel bestaan, vermengt zich met andere ontevredenen en de

krachten worden gebundeld. Zo ontstaat de 'Studiegroep Oosterschelde' die andere opvattingen over het Oosterscheldegebied zo breed mogelijk wil verspreiden. Ook bij deze groep staat de veiligheid van Zeeland voorop, maar er is meer: de Oosterschelde is een biologisch rijk gebied dat waard is behouden te blijven. Men benadrukt dat het door Rijkswaterstaat nagestreefde zoetwaterbekken nauwelijks mogelijk is, gezien de ernstige verontreiniging van het rivierwater en gewezen wordt op de mogelijkheid om in de monding van de Oosterschelde een zeehaven aan te leggen. Dat laatste argument zal niet vaak meer genoemd worden.

In een brief aan de Tweede Kamer worden deze argumenten in februari 1969 op een rij gezet, al lijkt het dan een achterhoedegevecht. Op 22 januari is het Koninklijk Besluit afgekondigd waarin het definitieve trace voor de Oosterscheldedam is vastgelegd: geheel volgens het plan van Rijkswaterstaat, tussen Jacobapolder en Burgh en Westlandpolder.

Eerder heeft de Rijksplanologische Dienst – die zich bezig houdt met de Ruimtelijke Ordening – geprobeerd met Rijkswaterstaat te praten over – wat zij noemen – 'een bredere belangenafweging' van het voorgenomen trace. De planologen denken aan een dam iets meer landinwaarts. Dat geeft – naar hun zeggen – een besparing van 300 miljoen gulden (op een begroot bedrag van 1,1 miljard) met als voordelen: het behoud van een gedeelte van het zoutwater estuarium, mogelijkheden van een zeehaven en een grotere verscheidenheid in het milieu.

Rijkswaterstaat veegt dat financiële voordeel van tafel en benadrukt de gevaren die aan zo'n plan vastzitten. De planologen kunnen de financiële consequenties niet bewijzen: wie kan op tegen de alwetendheid van de bouwers zelf? En tegen het argument van veiligheid valt ook al moeilijk op te boksen. Niemand wil een tweede watersnoodramp op zijn geweten, maar waar de grens ligt tussen veiligheid en overdreven veiligheid, dat kan een buitenstaander moeilijk bepalen. En de kenners, Rijkswaterstaat, hebben hun normen bepaald. Is het vreemd dat velen spreken van een 'staat binnen de staat'?

Al mag het Koninklijk Besluit over het definitieve trace in het Staatsblad hebben gestaan, dat is voor de actievoerders geen reden hun activiteiten te stoppen. Eerder andersom: het wordt vijf voor twaalf. In 1969 ontstaat een nieuwe groep, Aktiegroep Oosterschelde Open en het jaar daarop bundelen vele organisaties zich tot het Comite Samenwerking Oosterschelde Open, kortweg en treffend SOS.

De noodseinen worden vanaf nu in een constante stroom richting regering en parlement gestuurd. Rijkswaterstaat valt immers niet meer te overtuigen, maar de politiek wellicht nog wel. Daar, in het Haagse Parlement zitten kamerleden die de noodseinen verstaan. Zoals vooral bij D'66, maar ook bij PPR, enkele leden van de PvdA en zelfs bij de nieuwe partij DS'70.

Maar het 'establishment', de gevestigde politieke orde die de touwtjes in handen heeft, blijft vasthouden aan de voorgenomen plannen. Zo antwoordt de minister van Verkeer en Waterstaat, J. A. Bakker, op 4 maart 1970 op kamervragen: 'Aan nog weer eens een studie over de wenselijkheid van het afsluiten van de Oosterschelde heb ik geen enkele behoefte.' Sommige kamerleden blijven lastig en dringen ook de volgende maanden aan. In december 1970 is de minister 'als uiterste concessie' wel bereid een balans te laten opmaken van de werkzaamheden tot nog toe. De minister moet wel iets doen. De kamerverkiezingen naderen en een toezegging doet het altijd goed. Bovendien, die balans komt er toch pas na de stembus.

Dat laatste is waar, maar na de verkiezingen komt ook een nieuw kabinet: het kabinet-Biesheuvel, een coalitie van confessionelen (KVP, ARP en CHU) met VVD en met de nieuwe partij DS'70. De laatste mag de minister van Verkeer en Waterstaat leveren: W. Drees jr. die in de verkiezingscampagne zich een voorstander heeft getoond van een onafhankelijke studie naar de Oosterschelde.

Al gauw bevestigt Drees – na vragen van het D'66-lid J. Terlouw – de toezegging van zijn voorganger: er komt een balans. Maar, zegt hij, de Oosterschelde is een zaak van zijn ministerie en een brede aanpak ervan ziet hij niet zitten. Bij de behandeling van de begroting van Verkeer en Waterstaat, in november 1971, blijkt waarom: Drees heeft zich door ambtenaren van Rijkswaterstaat laten ompraten.

Het beloofde rapport verschijnt februari 1972: 'Het Deltaplan in het licht van de laatste ontwikkelingen.' Het is een door Rijkswaterstaat geschreven stuk met een bekende teneur: de Deltawet moet worden uitgevoerd, veiligheid staat voorop, zo snel mogelijk de Oosterschelde afdammen om in 1978 – zoals beloofd – klaar te zijn.

In mei 1972 dringen de kamerleden P. A. Roels (PvdA) en J. Terlouw aan op een nieuwe Deltacommissie die de sluiting van de Oosterschelde goed bestudeert. Drees wenst evenwel geen uitspraken meer over dicht of open: er moet afgesloten worden.

1 maart 1974. J. Klaasesz overhandigt minister T. E. Westerterp het rapport van de Commissie Oosterschelde. Bij de installatie van de commissie, op 15 augustus 1973, zei Klaasesz: 'Ik zie het ministerie van Verkeer en Waterstaat vandaag als een moeder die een nieuw borelingske aan den volke toont. En terwijl dat meestal gaat met een blijde lach, gaat het nu toch wat anders. Het is namelijk geen gewoon kind; het is een natuurlijk kind, niet uit een gewoon huwelijk geboren. De moeder is er wel, maar de vader niet. Als vader zie ik de milieugroep en die vader heeft jaren zijn best gedaan om tot deze geboorte te komen. En ja, nu is het er dan. Uit innig, maar niet bepaald liefdevol contact heeft de conceptie plaatsgehad, nu ook de geboorte. Ik kan me indenken, dat vader en moeder zich nu met angst en beven afvragen: op wie gaat het kind lijken?'

Het ziet er slecht uit voor de voorstanders van een open Oosterschelde. Weliswaar slagen de actiegroepen er in – dankzij veel informatie van het Delta-instituut voor hydrobiologisch onderzoek en het Rijksinstituut voor Visserijonderzoek – veel nieuwe feiten naar voren te brengen (zo blijkt de Oosterschelde belangrijk voor de Noordzeevis die juist daar wordt uitgebroed), maar de minister is niet te overtuigen en het kabinet heeft nog ruim vier jaar – bij leven en welzijn – voor de boeg. Gevreesd wordt, dat er al gauw geen weg terug meer is: dan is er al zoveel geïnvesteerd in de dichte dam dat stoppen handenvol geld kost en – is de vrees – zo gek krijg je niemand.

Toch zou juist minister Drees de actiegroepen – ongewild en onbewust – helpen. Bij de besprekingen binnen het kabinet over de bezuinigingen van het komende jaar, ligt Drees met partijgenoot M. L. de Brauw dwars. Zij verlaten voorgoed het kabinet en het einde van het Kabinet-Biesheuvel is daarmee ingeluid. Er komen vervroegde verkiezingen en de drie progressieve partijen PvdA, D'66 en PPR schrijven een gezamenlijk verkiezingsprogramma onder de naam 'Keerpunt '72'. Daarin staat onder meer dat er een nieuwe Deltacommissie moet komen en dat de werken aan de Oosterscheldedam vertraagd moeten worden in afwachting van een nieuw rapport.

Dat er andere oplossingen mogelijk zijn, blijkt uit het verslag van de stedebouwkundige studiegroep 'Zeeuws Meer' van de TH-Delft die de mogelijkheid aantoont van een open stormvloedkering in deze zeearm. Door de verkiezingen is de discussie over de Oosterschelde weer actueel.

DIE VERKIEZINGEN VAN 1972 brengen winst voor PvdA, VVD en PPR; verlies voor KVP, CHU en D'66. Een legendarische formatie van 164 dagen volgt waarin informateur J. A. W. Burger via 'inbraken' en 'gedogende' confessionelen moeizaam het kabinet-Den Uyl tot stand brengt. Keerpunt '72 is aan de macht, zij het dat die macht gedeeld wordt met 3 ministers van de KVP en 2 van de AR.

In de regeringsverklaring van 28 mei 1973 zegt premier J. den Uyl (PvdA) een nieuwe, multidisciplinaire, onafhankelijke Deltacommissie toe. Een maand later, op 29 juni 1973, komt de nieuwe minister van Verkeer en Waterstaat, T. E. Westerterp (KVP), met een nota. Hij spreekt zich daarin uit als voorstander van veiligheid in 1978, ziet de afsluiting als de beste oplossing en weigert de werkzaamheden aan de Oosterscheldedam te vertragen of zelfs maar stop te zetten. Rijkswaterstaat lijkt er weer in geslaagd een nieuwe minister voor zijn doelstellingen te hebben gewonnen.

Wel komt er die onafhankelijke commissie. Op 15 augustus installeert de minister de 'Commissie Oosterschelde' die in de wandeling – naar zijn voorzitter – de 'Commissie-Klaasesz' wordt genoemd. Taak: 'de Minister te rapporteren met betrekking tot alle veiligheids- en milieuaspecten die bij de Oosterschelde in het geding zijn; de bestaande mogelijkheden te bestuderen en hieruit de oplossing te kiezen die beide belangen – veiligheid en milieu – het beste dient'.

De commissie wordt gevraagd binnen zes maanden rapport uit te brengen. Een korte tijd, zeker voor een commissie waarin zitting hebben: een oud-commissaris van de Koningin (J. Klaasesz, de voorzitter), een hoogleraar in de waterzuivering, een waterbouwkundige, een directeur van Visserijonderzoek, een directeur van Natuurbeheer, een planoloog en een wiskundig econoom; voorwaar een gemêleerd gezelschap.

DAN WORDT HET SPECTACULAIR. Binnen zes maanden brengt de Commissie-Klaasesz rapport uit en kiest eensgezind voor een gefaseerde oplossing: eerst een tijdelijke afsluiting die nog zoveel water doorlaat dat er getijverschil blijft in de Oosterschelde, daarna op het al gebouwde werkeiland een beweegbare stormvloedkering maken die met dammen – volgens de oorspronkelijke opzet – met de oevers wordt verbonden. Wel een afsluiting van de Oosterschelde, maar ook behoud van getij en zoutwater. De Deltadienst laat weten faliekant tegen te zijn: technisch niet haalbaar. Het Provinciaal Bestuur van Zeeland heeft ook zijn reserves. Maar de voorstanders van een open Oosterschelde zijn niet teleurgesteld, al blijven zij dijkverhoging bepleiten.

Wat doet nu Westerterp? Die vraag is niet relevant. Het moet zijn: wat doet het kabinet? Bij de formatie van het kabinet-Den Uyl wil de kandidaat van D'66 voor een ministerschap, J. P. A. Gruijters, graag Verkeer en Waterstaat. Als dat niet lukt – hem wordt Volkshuisvesting en Ruimtelijke Ordening toegewezen –, bedingt Gruijters dat zijn ministerie wordt belast met de voornaamste coördinatie inzake de

20 november 1974: in de Tweede Kamer overleggen kamerleden met voorzitter A. Vondeling (geheel links) bij wie M. W. Schakel (vooraan. tweede van rechts) een motie heeft ingediend om de Oosterschelde volgens het Deltaplan af te sluiten. In het midden kijkt J. Terlouw van een afstand toe. De motie-Schakel wordt later verworpen. Schakel na afloop: 'Het botte politieke geweld heeft gezegevierd.'

Oosterschelde. Als tegenstander van de sluiting weet hij zo een machtspositie binnen het kabinet te krijgen. De Oosterschelde is daardoor niet langer meer een zaak van alleen Verkeer en Waterstaat. Bovendien bemoeit de premier zelf zich ermee waardoor de Oosterschelde een zaak van het hele kabinet wordt. Conform Gruijters' beding wordt het regeringsbeleid voorbereid in de Rijksplanologische Commissie (RPC) die op brede basis adviezen inwint. Maar het kabinet wil gauw met een intentieverklaring komen. Er zijn drie mogelijkheden: afsluiten volgens de oorspronkelijke plannen; een open Oosterschelde door dijkverhoging; en een compromis à la de Commissie-Klaasesz.

Bij de eerste mogelijkheid zullen de ministers van D'66 (Gruijters) en de PPR (Van Doorn en Trip) opstappen, wat zal leiden tot een kabinetscrisis.

De dijkverhogingen zijn een verhaal apart. De meeste tegenstanders van een afsluiting van de Oosterschelde kiezen hiervoor: goedkoop en volledig behoud van het milieu. Toch vindt men daarover weinig in het rapport van de commissie-Klaasesz. De commissie is geschrokken van recente gebeurtenissen en wil de meest optimale veiligheid: 'Het vertrouwen, dat mens, have en goed voldoende beveiligd zijn, verminderde het laatste jaar in sterke mate door: a. de vele stormen die de prognoses tartten; b. de hoge waterstanden die plaatselijk de cijfers van 1953 nagenoeg evenaarden; c. de recente dijk- en plaatvallen; d. het onlangs falende waarschuwingssysteem.

In een politicologische studie van het Oosterscheldebeleid van A. F. Leemans c.s. wordt dan ook geconcludeerd: 'Het korte tijdsbestek waarbinnen het rapport moest worden uitgebracht heeft aan de omvang en kwaliteit van de informatie afbreuk gedaan.' En: 'Als de Commissie-Klaasesz meer tijd had gehad om deze kwestie te bestuderen (...) dan zou zij hebben gemerkt dat er niets bijzonders aan de hand was.'

Maar dat is achteraf gepraat; feit is, dat in de eerste helft van 1974 dijkverhoging een minder belangrijke rol in de besluitvorming speelt. Waarbij natuurlijk van belang is, dat de oplossing van de commissie-Klaasesz politiek gezien gunstig is: het behoedt het kabinet voor een uitgesproken keus tussen afsluiten en openlaten. De tegenstellingen binnen het kabinet kunnen ermee worden overwonnen: Westerterp – als aanvankelijk voorstander van afsluiten – stelt zich soepel en meegaand op en voor Gruijters en de ministers van de PPR is het aanvaardbaar.

Er is een groot 'maar': zo'n compromis kost veel geld en dat is de minister van Financiën, W. Duisenberg (PvdA), een gruwel. Hij keert zich ertegen: financieel onverantwoord.

Na een interimadvies van de RPC komt het kabinet op 12 juli 1974 met zijn intentie: gestreefd wordt naar een afsluiting 'met een dam van doorlatende caissons', mits dit technisch is uit te voeren en het zowel veiligheid als milieu dient.

Een maand later besluit het kabinet de werkzaamheden aan de Oosterschelde voorlopig te stoppen. Niets is nog definitief beslist, maar nu hoeft niemand bang te zijn dat er ooit geen weg terug meer is wegens gevorderde werkzaamheden. De herfst van 1974 wordt voor de Deltawerken beslissend.

In september komt het eindadvies van de RPC: zowel een open caissondam als een stormstuwcaisson zijn mogelijk al geeft de laatste meer veiligheid. De beslissing kan nu worden genomen. Duisenberg blijft fervent tegen de dure oplossing. In een kleine kring van PvdA-ministers laat hij doorschemeren te zullen opstappen. Het is Den Uyl die Duisenberg overreedt: de Oosterschelde is het niet waard ervoor op te stappen; het land kent ernstiger problemen nu de olie na de crisis van 1973 schrikbarend duur is geworden en de economie lijkt te haperen. Duisenberg zwicht maar bedingt dat de extra kosten door de betreffende ministeries moeten worden gedragen.

Op 8 november is het kabinet op een rij en er wordt gekozen voor een 'stormvloedcaissondam'. Rijkswaterstaat moet maar uitdokteren hoe precies. Het woord is aan het parlement.

DAT WORDT SPANNEND. Voor 19 en 20 november 1974 staat de Oosterschelde op de agenda van de Tweede Kamer en het is allerminst zeker hoe het kabinetsbesluit zal worden ontvangen. VVD, CHU, de meeste KVP'ers en AR-leden zijn tegen en dat gevoegd bij de kleinere rechtse partijen lijkt al een krappe meerderheid. Maar ook binnen de PvdA zien velen het nut van zo'n duur compromis niet in. Fractievoorzitter E. van Thijn moet zelfs dreigen op te stappen om zijn fractie achter de regering te krijgen.

Het cruciale punt wordt een motie van de antirevolutionair M. W. Schakel die vraagt de Oosterschelde af te sluiten conform het Deltaplan. Om de aarzelaars aan zijn kant te krijgen meldt het kabinet dat de dijken van de Oosterschelde gedeeltelijk worden verhoogd om het achterland de komende jaren al veiligheid te bieden.

Westerterp moet met meer aankomen en hij accepteert drie 'ontbindende voorwaarden': het hele avontuur gaat niet door als de open dam 1.700 miljoen gulden meer gaat kosten dan de oospronkelijke afsluiting; Rijkswaterstaat moet in anderhalf jaar de technische mogelijkheid ervan onderzoeken en alles moet in 1985 gereed zijn. Wordt aan een van deze voorwaarden niet voldaan, dan komt er alsnog een vaste dam.

Nog lijkt dit niet voldoende. Er blijft twijfel: ruim twee miljard voor het behoud van een stukje milieu, is dat niet wat al te veel van het goede... Dan komt het zwaarste ministeriële argument: 'Indien de motie-Schakel wordt aangenomen, ontstaat een ernstige situatie, waarop het kabinet zich op korte termijn heeft te beraden.' Keurige woorden voor de mededeling dat het kabinet anders opstapt.

De stemming geeft het beeld van 6 leden van de KVP en 2 leden van de AR die alsnog het kabinet gedogen: 67 kamerleden zijn voor de motie, 75 tegen. De motie is verworpen, het kabinet kan zijn gang gaan.

HET POLITIEKE SPEL IS GESPEELD. Het principebesluit is bekrachtigd: de Oosterschelde gaat niet dicht als er een goede technische, financieel haalbare constructie wordt bedacht die in 1985 in werking kan treden. Het heeft van vele factoren afgehangen, maar het besluit is op parlementaire wijze genomen, al is er vrij forse politieke pressie voor uitgeoefend. Na een jarenlange discussie heeft de naoorlogse politiek een van zijn belangrijkste beslissingen genomen. Belangrijk niet zozeer omdat het om een groot en kostbaar project gaat, maar belangrijk omdat veranderde opvattingen en inzichten een ingrijpende beleidswijziging teweeg hebben gebracht. Een kleine revolutie als het ware: welzijnsbelangen hebben gezegevierd. Hoe de Oosterschelde nu echt met een open dam voor de getijden en het zoute water gespaard moet blijven, is een grote vraag. De politieke besluiten blijken te zijn genomen met wel erg weinig concrete gegevens. De commissie-Klaasesz heeft het nog over een 'stormvloedkering'. Als reactie daarop laten ondermeer de aannemers die dan al bezig zijn aan de afsluitdam (gebundeld in de gelegenheidsfirma DOS-Bouw) weten, dat caissons met beweegbare schuiven beter zijn.

De RPC, het belangrijkste adviesorgaan van het kabinet, komt aanvankelijk na vele informaties tot dezelfde conclusie, vandaar dat het kabinet in zijn intentieverklaring nog spreekt van een 'dam met doorlatende caissons'. Enkele maanden later prefereert de RPC een 'stormstuwcaissondam'.

Tekenen van onzekerheid. Maar de tijd dringt. Als Rijkswaterstaat wordt opgedragen in anderhalf jaar de definitieve vorm te verzinnen, weet men dat het een krachttoer wordt. Merkwaardigerwijs gaat de Deltadienst - tot voor kort nog fel tegen - enthousiast aan de slag. Daaraan zal niet vreemd zijn, dat enkele topfuncties door nieuwe personen zijn of worden bezet.

Het worden maanden van ideeën, proefnemingen, berekeningen en vooral hoogspanning. Het is een werk dat de Deltadienst nauwelijks aankan, en het is niet verwonderlijk dat de aannemers met hun praktijkervaring een grote rol in het ontwerp gaan spelen.

Alle mogelijke krachten worden gemobiliseerd en daarbij is - door de tijdsdruk - niet op geld gekeken. Ook een caissondam met een stormstuw is technisch niet haalbaar. Het is vooral DOSBouw die wat nieuws bedenkt: pijlers worden geplaatst in betonnen putten en tussen de pijlers komen beweegbare schuiven. Dit werk kan - met moeite - in 1985 gereed zijn, zoals in mei 1976 in een rapport wordt vermeld.

FINANCIEEL ZIJN ER HAKEN EN OGEN. Het werk is niet helemaal mogelijk binnen de geraamde f 1,7 miljard extra kosten. Westerterp helpt - zoals hij het later formuleert - 'met de genade mee'. Naar het prijspeil van eind 1975 zal de oude afsluitdam f 795 miljoen hebben gekost; de nieuwe pijlerdam op putten kost f 2.520 miljoen met daarbij voor onderzoek nog eens f 140 miljoen en een post van 10% onvoorziene kosten, f 250 miljoen. Bij elkaar f 2.910 miljoen. Nieuwe pijlerdam minus oude afsluitdam geeft aan extra kosten f 2.115 miljoen, dat is f 415 miljoen meer dan de afgesproken f 1.700 miljoen. Dan schrapt Westerterp op de post 'onvoorzien' f 130 miljoen, al moet worden toegegeven dat hij in een aparte brief aan de Kamer schrijft dat er nog een post van f 130 miljoen is, maar 'of deze nodig zal zijn, zal tijdens de uitvoering blijken.' Bovendien presenteert hij de cijfers niet naar het prijspeil van 1975, maar naar dat van 1976, volgens een nogal excentrieke berekeningswijze die

f 113 miljoen oplevert. Met nog enkele van deze manieren kan hij de Kamer zeggen dat de pijlerdam te bouwen is voor f 150 miljoen meer dan afgesproken. De Kamer gaat inderdaad op 23 juni 1976 accoord, zij het met een tweede motie-Schakel waarin wordt gesteld dat alsnog een vaste dam moet worden gebouwd als de kosten het oorspronkelijk begrote bedrag met f 260 miljoen overschrijden.

Naar jaren later blijkt, wordt zelfs dat bedrag ruimschoots gepasseerd. Insiders hadden dat in 1976 al kunnen zien: een post onvoorzien van nog geen 5% op zo'n onzeker project is uitermate laag. Neem nu de afsluiting van het Haringvliet, die heeft 20% meer gekost; de Grevelingendam zelfs 25% en het Volkerak 23% meer.

En dat de Oosterschelde een onzeker project is, blijkt nog in de zomer van 1976. Na nog meer onderzoek is ook een pijlerdam op putten niet haalbaar: de putten zullen het milieu beïnvloeden. Het wordt nu een 'pijlermonolietendam': pijlers zonder fundering rustend op de zeebodem.

Als in de jaren tachtig de enorme kostenoverschrijdingen bekend worden, is de weg terug niet meer mogelijk. De kleine revolutie heeft, dankzij geflatteerde cijfers, een duur monstrum gebaard. Velen bezinnen zich dan op de almacht van het centrale overheidsapparaat.

De oude Romme hoort ze brommen.

ENGLISH   DEUTSCH

Minister Tj. Westerterp of Traffic and Public Works explains in 1976 what the political compromise in the Westerschelde will look like: a pillar dam founded on deep pits. This design was technically impossible.

Minister Tj. Westerterp für Verkehrs- und Wasserwirtschaft erklärt 1976, wie der politische Kompromiß in der Westerschelde aussehen wird: ein auf tiefen Schächten fundierter Pfeilerdamm. Dieser Entwurf erwies sich als technisch nicht machbar.

POLITICS

THE DUTCH GOVERNMENT assimilated the advice of the Delta committee into a law, the Delta Act, that was passed in the Fall of 1957 and the Spring of 1958 by the Parliament. Only a few members voted against it because they had a fundamental objection to the ownership of the new dikes by the central government. According to them this ownership was assigned to the lower governments by the Constitution.

AFTER PASSAGE the Delta projects were taken up with energy and many thought that the Delta Plan indeed, as anticipated, would be finished in 1978. It went differently. At the end of the sixties, in the ever increasingly prosperous Holland, the idea grew with a few action groups that there were more interests than safety, prosperity and technology. They became increasingly concerned about the future of the environment. They were convinced that the Oosterschelde, in particular, was an unique nature area that is of vital importance for the fish in the North Sea. Most fish are born in the Oosterschelde: a 'delivery room' for the environment. The action groups opposed the barrage in this sea arm as anticipated in the Delta Plan and they advocated an 'Open Oosterschelde' by way of a dike heightening. But the government was not willing in 1970 to adjust the activities and also the new government in 1971 supported the plans of the Rijkswaterstaat. The construction of the dam progressed in the meantime.

THE CABINET, however, fell prematurely and after an early election a progressive government came which had promised during the elections to institute a new 'Delta Committee'. Even though the minister of 'Waterstaat' supported a closed dam at the outset, he did install the promised committee. It reported within half a year that a compromise was possible: a barrage in the the Oosterschelde provided with a storm flood dam. Even though the 'Rijkswaterstaat' very much opposed this proposal the government accepted it as a starting point. It became evident later that otherwise this government would have fallen on this issue.

POLITIK

DIE RATSCHLÄGE der Deltakommission wurden von der Niederländischen Regierung um Deltagesetz verankert, das im Herbst 1957 und im Frühjahr des darauffolgenden Jahres 1958 vom Parlament angenommen wurde. Nur einige wenige Mitglieder haben Gegenstimmen abgegeben, da sie prinzipielle Einwände gegen die Verwaltung der neuen Deiche durch die Zentralbehörde erhoben. Nach ihrer Auffassung war die Verwaltung durch das Grundgesetz den mittleren Behörden übertragen worden.

NACH IHRER ANNAHME wurden die Delta-Werke energievoll zur hand genommen in vielerorts war man der Meinung, daß der Deltaplan tatsächlich, wie vorgesehen, 1978 vollendet sein würde. Es lief anders. Ende der Sechzigerjahre entstand in den immer wohlhabender werdenden Niederlanden bei enigen Aktionsgruppen das Bewußtsein, daß es mehr Interessen als nur Sicherheit, Wohlfahrt und Technologie zu berücksichtigen galt. Sie machten sich in zunehmendem Maße Sorgen über die Zukunft der natürlichen Umwelt. Dabei war man davon überzeugt, daß gerade die Oosterschelde ein einzigartiges Naturgebiet darstellt, das für den Fischstand in der Nordsee von lebenswichtigem Interesse ist. Die meisten Fische werden in der Oosterschelde geboren: Ein 'Wochenbett' für die Natur. Die Aktionsgruppen protestierten gegen einen im Deltaplan vorgesehenen Absperrdamm in diesem Seearm und befürworteten eine 'Offene Oosterschelde' mit Hilfe einer Deicherhöhung.
Die Regierung war jedoch im Jahre 1970 nicht bereit, ihren Ausgangspunkt hinsichtlich der Arbeiten zu ändern und auch die neue Regierung, die 1971 antrat, unterstützte die Pläne des Staatl. Wasserbauamtes. Der Bau des Dammes schritt inzwischen voran.

DAS KABINETT KAM DENNOCH vorzeitig zu Fall und vorgezogene Wahlen brachten eine progressive Regierung, die während der Wahlen versprochen hatte, eine neue 'Deltakommission' einzusetzen. Obwohl der zuständige Minister der Wasserbauverwaltung zunächst für einen geschlossenen Damm war, wies er die versprochene Kommission an. Diese berichtete innerhalb eines halben Jahres, daß ein Kompromiß möglich sei: Ein mit einer Sturmflut-Schutzanlage versehener Damm in der Oosterschelde. Trotz des großen Widerstandes des Staatl. Wasserbauamtes gegen diesen Vorschlag nahm die Regierung ihn als Ausgangspunkt an. Wie sich später herausstellte, hätte sie andernfalls wegen dieser Frage zurücktreten müssen.

Milieu

NATUUR EN LANDSCHAP van Zuid-Holland en Zeeland hebben een lange ontstaansgeschiedenis. Ooit, honderden miljoenen jaren geleden waren zij onderdeel van een tropisch woud, later van een ondiepe tropische zee. Daarna, tijdens de ijstijden, ging het waterpeil weer dalen. Nederland was toen al een deltagebied: grote rivieren stroomden hier naar zee en slepen diepe dalen in het land. Na de laatste ijstijd, zo'n 10.000 jaar geleden, kreeg het landschap in hoofdlijnen zijn huidige vorm. De zee steeg en drong ver in de rivierdalen door, waar eilanden en schiereilanden temidden van estuaria ontstonden. Een estuarium is een inham van de zee waarin een of meer rivieren uitmonden. Het water is er overwegend zout, en er is een sterke getijdewerking.

Er zijn slechts vrij weinig estuaria in de wereld, en telkens zorgt het wisselende evenwicht tussen zoute zee en zoet rivierwater voor een bijzondere natuur. De rijkdom aan planten en dieren is groot, in soorten die elders zeldzaam zijn. Zo ook in Zeeland en Zuid-Holland.

Bijvoorbeeld op de uitgestrekte intergetijde-gebieden: de slikken en platen die tijdens vloed onderlopen, maar gedurende eb steeds droog staan. Beplanting is daar nauwelijks, op wat zeegras, wieren en zeekraal na, maar er leven wel veel bodemdieren die geliefd voedsel voor allerlei vogels vormen. Tientallen vogelsoorten – met name steltlopers – zijn dan ook in dit gebied te vinden.

En dan zijn er nog de schorren. Deze blijven ook bij hoogwater meestal droog, en worden doorsneden door een fijn vertakt stelsel van kreken. Hier treft men een uitbundige vegetatie aan, veelal lage planten die tegen het zoute water bestand zijn. Zeldzame soorten als Lamsoor, Engels Gras, Melkruid, Echt Lepelblad en Zeeaster zijn hier in overvloed te vinden. Schorren zijn verder geliefde broedgebieden en foerageerplaatsen voor vogels, zoals meeuwen, visdiefjes en steltlopers. Ganzen en eenden gebruiken het als overwinteringsgebied. En naast honderden insecten-, spinnen-, slakken- en aardwormsoorten zijn er ook zoogdieren aanwezig. Naast ratten, muizen, hazen en konijnen, bijvoorbeeld bunzingen en hermelijntjes.

Ook het water bergt vele soorten leven. Het is rijk aan allerlei plantaardige organismen, dankzij een combinatie van de aanvoer vanuit de rivieren (met name stikstof en fosfor) en de aanvoer vanuit zee (vooral organische koolstof). En deze planten vormen op hun beurt weer een rijke voedingsbron voor dieren. De ondiepe delen, waar het waterpeil varieert van laagwater tot NAP-5 meter, zijn een ideale huisvestingsplek voor schelpdieren zoals mosselen en oesters. Het iets diepere water wordt door veel vissoorten benut om hun eieren te leggen, vandaar dat wel wordt gesproken van de 'kinderkamerfunctie' die dergelijke gebieden voor de visstand hebben. Het krioelt hier verder van gedierte: zeesterren, zeeanemonen, garnalen, krabbetjes, en er is vaak een weelderige beplanting. Het water in een estuarium is meestal relatief schoon: door de stroming van de rivieren en de sterke getijdewerking hebben deze bekkens een sterke 'zelfreinigende werking'. De temperatuur is relatief hoog, en ook dat is bevorderlijk voor de soortenrijkdom.

De menselijke bewoners van het Nederlandse Deltagebied hadden, wellicht sterker dan elders in het land, vanouds een haat-liefde verhouding met de natuur die hen omringde. Deze leverde veel gevaren op, maar bood hen ook een grote welvaart. Er ontstond een bloeiende handel en visserij, en een uitgebreide kwekerij van oesters, later ook van mosselen. De regelmatige overstromingsrampen waren verschrikkelijk, maar konden de bewoners nooit voorgoed van hun have verjagen. Deze werden eerder gesterkt in het vertrouwen dat de mens steeds meer overwicht kreeg op de natuur.

Dat verkrijgen van meer greep ging overigens langzaam. De meest tragische vergissingen werden gemaakt: een inpoldering kon elders zo'n sterke stroming doen ontstaan dat daar dijken braken, en grote stukken land weer verloren gingen. Het inzicht in oorzaak en gevolg ontbrak veelal, het was meestal zo

Het Nederlands Deltagebied heeft door de invloed van de getijden enkele karakteristieke landschapstypen met een bijzondere planten- en dierenwereld. Zoals de schorren (pagina's 72-73): land dat tijdens hoogwater voor het grootste deel droog blijft, en dat wordt doorsneden door een stelsel van kreken. Schorren zijn een paradijs voor plantenkenners: de meeste soorten die er groeien zijn elders in Nederland uiterst zeldzaam. Maar ook voor vogelliefhebbers zijn schorren interessant: het zijn geliefde broedplaatsen voor meeuwen, visdiefjes en kluten. Ganzen en eenden overwinteren er graag, en bij ieder hoogwater vormen de schorren een toevluchtsoord voor allerlei soorten steltlopers (rechts), die bij laagwater hun voedsel zoeken langs de kustlijn en op de slikken.

Eind jaren zestig groeide de ongerustheid over de gevolgen van menselijke ingrepen voor de natuur. Toen ook rezen de eerste bedenkingen tegen de geplande Deltawerken.

In 1972 bracht de Werkgroep Milieu Zuidwest-Nederland van de Contact-Commissie voor Natuur- en Landschaps-bescherming (een over-koepelend orgaan voor 120 organisaties op het gebied van natuurbehoud en milieu-beheer) een rapport uit over de mogelijke gevolgen van de Deltawerken voor 'de biologische rijkdommen in dit gebied'.

Met behulp van kaarten werd aangetoond wat er daardoor zou veranderen.

Onderstaande kaarten tonen het grote verlies in 'biologische waarde van zee-armen en estuaria' aan dat de werkgroep voorspelde voor de periode tussen 1970 en 2000. Deze 'biologische waarde' bepaalde men aan de hand van de rijkdom aan organismen die 'vastgehecht op of ingegraven in de bodem van een water leven, zoals zeegrassen, vele wieren, vele wormen, alle schelp-dieren en vele kreeft-achtigen'. Een criterium dat met veel andere maatstaven samenhangt: een gebied waar veel soorten organismen op de bodem leven, kent ook een grote verscheidenheid aan vissoorten en plankton. De werkgroep beschouwde het Grevelingenmeer en de Biesbosch als 'voorgoed verloren', maar koos partij in het conflict over de Ooster-schelde door te concluderen 'dat afsluiting van deze zee-arm uit biologisch oogpunt ernstig te betreuren valt' en 'Daarom het voorstel tot compartimentering – met een zout westelijk bekken – ernstige bestudering verdient'.

Op pagina 77, van links naar rechts, enkele soorten die bij het afsluiten van de Ooster-schelde terrein zouden verliezen: het zoutminnende plantje Lamsoor, mosselen en zeeanemonen.

dat mensen na verloop van tijd eenvoudigweg met de gevolgen van hun handelen werden geconfronteerd. En dan werden er maatregelen genomen: dijken ver-hoogd, geulen verdiept, andere vaarwegen gekozen. Of men paste zich noodgedwongen aan: het lucra-tieve veengraven werd verboden toen dat de dijken sterk bleek te verzwakken; de oesterteelt werd aan banden gelegd toen de oesters bij overbevolking ble-ken dood te gaan.

DE RAMP VAN 1953 kwam in een tijd van sterk groeiend geloof in de technische mogelijkheden van mensen. Met name op waterbouwkundig gebied waren de laatste eeuw gigantische vorderingen ge-maakt. Dit vertrouwen in de techniek, én de schok van de ramp, leiden tot het wat overmoedige besluit ditmaal de natuur in het Deltagebied voorgoed te temmen. Het wegnemen van de gevaren stond daar-bij voorop, het gelijktijdig verlies van de rijkdommen die het Deltagebied zijn bewoners schonk was een secundaire kwestie. Dat het milieu door de Delta-werken volledig van karakter zou veranderen stond ook voor de opstellers van de Deltawet vast, maar daaraan tilde men niet zo zwaar.

Men concludeerde optimistisch: 'In biologisch op-zicht zal menig interessant aspect van het af te sluiten gebied verloren gaan, (...) doch daarnaast mag ver-wacht worden, dat de veranderingen in de waterstan-den, de stromingen en het zoutgehalte van het water zullen leiden tot belangrijke mogelijkheden voor een gewijzigde planten- en dierenwereld.' Slechts één lid van de Deltacommissie meende dat er te weinig aan-dacht aan milieu-aspecten werd besteed, en dat was J. Th. Thijsse. Hij deed hiermee zijn afkomst recht aan,

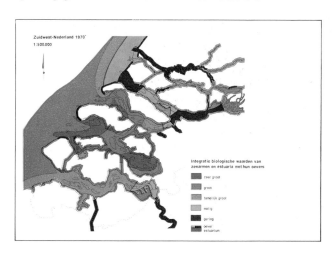

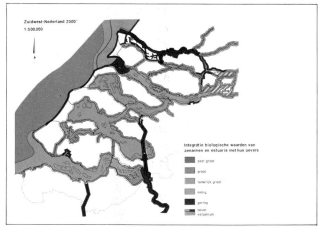

als zoon van de natuurkenner Jac. P. Thijsse, maar vond verder geen gehoor.

Het is begrijpelijk dat de opstellers van de Deltawet weinig belang hechtten aan de slagen die de Deltawerken aan het milieu zouden toebrengen. Slechts weinigen hadden in die tijd oog voor de uniciteit van een natuurgebied, natuur was er immers nog in overvloed? Een begrip als 'milieuvervuiling' was nog niet ingeburgerd, Nederland bouwde ombekommerd aan zijn welvaart. Havens en industrieën waren noodzakelijke, maar ook welkome middelen daartoe. In de loop van de jaren zestig begon de toenemende industrialisatie al enige overlast te geven, maar de bewondering bleef overheersen.

Ook veel Zeeuwen juichten deze ontwikkelingen toe, men bouwde trots de eigen Zeelandbrug, mede om vestiging in Zeeland voor industrieën aantrekkelijker te maken. Vissers en schelpdierkwekers hadden zich al bij de komende veranderingen neergelegd; velen lieten zich uitkopen zodra de kans zich voordeed. Boeren en middenstanders pikten steeds minder bezwaard een graantje van het toenemend toerisme mee door land te verhuren aan kampeerders of door het verkopen van souvenirs.

DE OMSLAG, EIND JAREN ZESTIG, kwam vrij plotseling. Het wegbulldozeren van natuurgebied De Beer op Rozenburg ten bate van de Rotterdamse haven schudde velen wakker; het afgraven van de duinenrij op Voorne werd nog net voorkomen. Tegelijkertijd werden er voorzichtige vraagtekens gezet bij de resultaten van de eerste Deltawerken. Het Veerse Meer was toch geen Veerse Gat meer, en waren die enorme verliezen aan dieren- en plantenwereld nu echt nood-

zakelijk? Al vlug werd de onrust tot verzet, dat zich bundelde tegen afsluiting van de Oosterschelde. Eenzame roependen die al vanaf eind jaren vijftig hadden gewezen op de bijzondere waarde van dit gebied vonden nu bij velen weerklank. Ironisch genoeg mede doordat de reeds gerealiseerde Deltawerken dit gebied voor meer mensen toegankelijk hadden gemaakt, zodat ook meer natuurliefhebbers er konden komen. Vogelaars, plantenkenners en hydrobiologen legden nu indrukwekkende lijsten aan die de zeldzame rijkdom van het gebied aantoonden. Rond 1970 ontstonden de eerste actiegroepen en werd het Comité Samenwerking Oosterschelde Open (SOS) opgericht dat politici en pers voortdurend met acties en onderzoeksrapporten bestookte. Slechts enkele jaren later, in 1974, koos de regering in principe hun kant.

Voor de uitvoerders van de Deltawerken, met name Rijkswaterstaat, had deze omslag veel weg van een revolutie. De voorbereidingen voor de Oosterscheldedam moesten ongedaan worden gemaakt, en in grote haast moesten nieuwe kennis en kunde worden verzameld. Niet alleen op technisch gebied, maar vooral milieukundig. Er was sinds '72 een afdeling 'Milieu en Inrichting' bij Rijkswaterstaat, maar die bestond uit slechts een waterhuishoudkundige en een laborant. Deze afdeling moest snel worden uitgebreid.

DE HULPWETENSCHAP DIE HIER SOELAAS moest brengen was de 'ecologie', een jonge tak van de biologie die de relaties bestudeert tussen levende organisme onderling, en tussen hen en hun omgeving. Volgens de ecologie heeft ieder natuurlijk milieu een eigen biotoop: ofwel een combinatie van fysisch-chemische en biologische eigenschappen die bepalend zijn voor

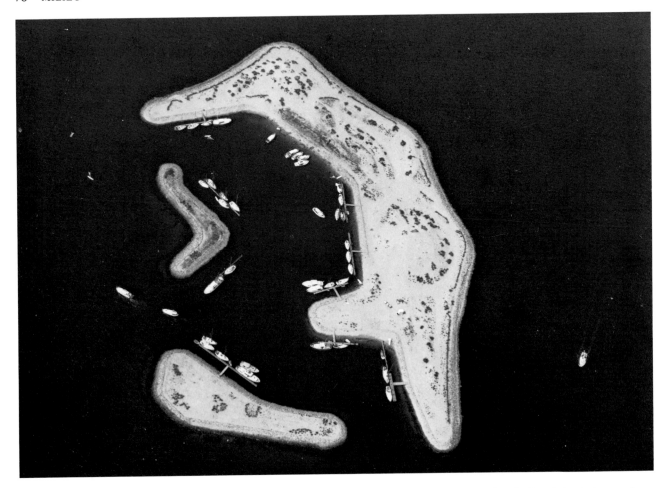

Overzicht van de ecosystemen die door de Deltawerken zijn ontstaan, of nog zullen ontstaan.

HARINGVLIET: 9450 hectare, waarvan 8100 water.
Zoetwaterbekken, gecreëerd om de verzilting van het achterland tegen te gaan. Het water wordt zoet gehouden door de Haringvlietsluizen alleen bij laag water open te zetten. Als de Rijn veel water aanvoert, staan de sluizen bij eb voortdurend open; voert de rivier weinig water aan dan staan ze vrijwel dicht en stroomt het water af door de Nieuwe Waterweg.
Zo wordt ook in de Nieuwe Waterweg het peil voor de scheepvaart aanvaardbaar gehouden, en de verzilting tegengegaan.
Na het gereedkomen van de Haringvlietsluizen is het toerisme hier sterk toegenomen. Het vogelleven is tamelijk rijk gebleven: zwanen, verschillende soorten eenden en een paar visarenden per jaar.

VEERSE MEER: 4170 hectare, waarvan 2200 water.
Brakwaterbekken, waarvan het zoutgehalte sterk varieert, van 7 gram per liter in natte perioden tot 12 à 13 gram per liter in droge tijden. Afwateringsgebied voor de omliggende polders, waardoor het water na de afsluiting snel verzoette. Sindsdien hebben zich voortdurend verschuivingen voorgedaan, zowel in de planten- als de dierenwereld. Een stabiel evenwicht is nog niet bereikt.
Het meer is voornamelijk in gebruik voor recreatie: strand-toerisme, watersport en sportvisserij. De visstand ging na de afsluiting sterk achteruit, en wordt ten behoeve van de sportvissers regelmatig aangevuld. De toename van de watersport – waardoor de sluizen vaker open moesten – oefende onbedoeld een gunstige invloed uit op de visstand als het zoutgehalte. Met behulp van de sluis in de Zandkreekdam wordt het waterpeil in het Veerse Meer geregeld. 's Zomers op het niveau van NAP, en 's winters op 0,7 meter daaronder.

GREVELINGENMEER: 14.100 hectare, waarvan 11.300 water.
Zout water, van goede kwaliteit, dat na de afsluiting in 1971 snel verzoette door afwatering uit de omliggende polders. Omdat men dat toen al als een bedreiging zag voor het milieu, werd in de Brouwersdam een sluis gemaakt die tijdens hoogwater zout water inlaat, en tijdens eb zoet water uitlaat. Deze sluis kwam in 1978 gereed, en al in 1979 had het Grevelingenmeer weer zijn oude zoutgehalte van 18 gram per liter.
Het Grevelingenmeer is nu een 'vereenvoudigd estuarium'. De rijkdom aan planten- en diersoorten is groot, maar door het ontbreken van het getij zijn sommige soorten verdwenen, en andere juist erbij gekomen. Veel bodemdieren verdwenen; zeegras nam sterk in omvang toe. Steltlopers namen in aantal af, maar er was een sterke toename in visetende en planten-etende vogels, terwijl ook het broedgebied groter werd.
Verrassend genoeg bleken er na 1976 mosselen en oesters in het meer te leven, waarvan men dacht dat dit onmogelijk was.

Het Grevelingenmeer is een geliefd toeristenoord, met name voor sportduikers die hier in een rustig meer een uitbundig zeeleven vinden. Maar ook watersport en sportvisserij nemen een belangrijke plaats in. Het beheer van het meer is gericht op een goed evenwicht tussen toerisme en natuurbehoud. In 1985 wordt besloten of het meer zout blijft of alsnog zoet wordt. Het eerste is aantrekkelijk vanuit het oogpunt van natuurbehoud; landbouw en drinkwatervoorziening kunnen evenwel een zoet bekken wenselijk maken.

DE OOSTERSCHELDE: 35.030 hectare, waarvan 800 boven gemiddeld hoogwater, 9400 intergetijdegebied en 24.830 lager dan gemiddeld laag water.

Zout water, van goede kwaliteit, zeker sinds de afsluiting van het Volkerak waardoor geen Maaswater meer in de Oosterschelde kan stromen. Een estuarium, met een bijzonder uitgebreide en gevarieerde planten- en dierenwereld, mede door zijn beschutte ligging, het ontbreken van vervuiling vanuit een industriegebied of bewonerscentrum, en de relatief hoge temperatuur van het water.

Na het gereedkomen van de stormvloedkering zal het doorstroomvolume van de Oosterscheldemond dalen van 80.000 m^3 naar 14.000 m^3; waardoor het getijdevolume zal verminderen van 1230 miljoen m^3 tot 830 miljoen. Het totale oppervlakte van water dat onder invloed van de getijden staat zal na gereedkomen van de compartimenteringswerken in plaats van 40.000 hectare nog slechts 31.000 hectare bedragen. Het gemiddeld getijdeverschil zal dan geen 3,40 meter meer zijn, maar hooguit zo'n 2,70 tot 3,00 meter. Het oppervlakte aan slikken en platen neemt af van 22.000 tot 11.000 hectare; het oppervlakte aan schorren van 1600 tot 600 hectare.

Verwacht wordt dat de soortenrijkdom van de Oosterschelde groot zal blijven, maar dat er aanzienlijke verschuivingen zullen zijn. De voornaamste gebruiksmogelijkheden van de Oosterschelde: visserij, schelpdierkwekerij en toerisme kunnen blijven bestaan, en ook de 'kinderkamerfunctie' voor vissen blijft gehandhaafd.

VOLKERAK-KRAMMER-EENDRACHT, ZOOMMEER, MARKIEZAATS-MEER: totale oppervlakte in de toekomst 10.700 hectare, waarvan 7000 water.

Oostelijke uiteinden van de zee-armen Krammer-Volkerak, Oosterschelde en Westerschelde, die van het zoute water worden afgescheiden. De zoete wateren die dan ontstaan hebben verschillende functies: ze vergemakkelijken het scheepvaartverkeer tussen Antwerpen en Rotterdam, verzilting van West-Nederland wordt tegengegaan, en het getijdeverlies in de Oosterschelde wordt beperkt doordat ze het oppervlak van de Oosterschelde verkleinen.

De verschillende sluizen naar de zee-armen (Kreekkraksluizen, Philipssluizen en Krammersluizen) zijn zodanig geconstrueerd dat het water in deze meren snel zal verzoeten. Hierdoor zullen veel organismen sterven, om die reden vindt de afsluiting 's winters plaats als het aantal organismen op zijn laagst is. Verwacht wordt dat op den duur een nieuw ecosysteem zal ontstaan, waarin zoutminnende planten hebben plaats gemaakt voor stikstofminnende kruiden, waar schorren zijn vervangen door riet, en waar steltlopers en ganzen zijn verdwenen voor voornamelijk riet- en weidevogels.

Foto: haventje in het Grevelingenmeer, in 1980 gemaakt voor de watersport.

het leven dat erbinnen plaats vindt. Biotoop en levensgemeenschap vormen samen een 'ecosysteem', en het is de taak van de ecologen om uit te zoeken in hoeverre, en in welke opzichten, de verschillende onderdelen van zo'n systeem van elkaar afhankelijk zijn.

Voor de Oosterschelde moest er antwoord komen op vragen als: hoe groot moeten de doorstroomopeningen in de dam zijn, om de getijdewerking te kunnen handhaven? Hoe sterk moeten de getijdeverschillen blijven opdat het verlies aan slikken en schorren niet te groot is? Welke gevolgen zijn bij een bepaalde afname van het getij te verwachten voor de schelpdieren, voor de vissen, de vogels, voor de planten en voor de kwaliteit van het water?

Het zal duidelijk zijn dat geen van deze vragen gemakkelijk te beantwoorden was. Dat vergt vele soorten metingen over langere termijn, waarvoor deskundigen van allerlei disciplines moeten samenwerken. Daarvoor moesten nieuwe meetinstrumenten worden ontworpen, voor metingen in de natuur, maar ook voor metingen in modellen. Om te kunnen voorspellen was het namelijk vaak onvermijdelijk dat de te onderzoeken situaties zo nauwkeurig mogelijk in het klein werden nagemaakt. Dan voerde men de diverse metingen uit in het model en rekende de resultaten zodanig om, dat men de gevolgen van ingrepen in het echt althans een beetje kon voorzien. Overigens stelt de ecologie zich niet tot doel precieze uitkomsten te voorspellen: men beperkt zich meestal tot het vaststellen van grenswaarden waar boven en waar beneden een schakel van het ecosysteem niet meer functioneert, en dus het hele systeem verstoord kan raken. Van dergelijke verstoringen geeft men vervolgens de grote lijnen aan, met de nodige slagen om de arm. De ecologie is nog jong, en nog lang niet in staat alle milieukundige problemen aan te pakken. Wel was er begin jaren '70 sprake van 'een vliegende start': overal ter wereld leefde de interesse voor deze problematiek op, in het kielzog van alarmerende publikaties over de toestand van het milieu, zoals 'het rapport van de club van Rome' (1971). Daardoor vond al spoedig internationaal een uitwisseling plaats van ervaringen, ideeën en nieuwe technieken. Bij de Oosterschelde is hiervan ruimschoots geprofiteerd.

BIJ DE TECHNISCHE OPLOSSINGEN die tenslotte voor de stormvloedkering in de Oosterschelde zijn gekozen, heeft de ecologie een belangrijke rol bespeeld. De doorstroomopening is zo groot dat er een aanzienlijke getijdewerking blijft, voldoende om het ecosysteem voor een deel intact te laten. Dat er toch nog grote veranderingen te verwachten zijn, blijkt echter uit de volgende cijfers. De doorstroomopening in de monding van de Oosterschelde wordt verkleind van 80.000 vierkante meter naar 14.000 vierkante meter. Het getijdeverschil zal gemiddeld zo'n 25% kleiner worden. Dit heeft tot gevolg dat het oppervlakte aan slikken en platen met de helft zal verminderen, en het oppervlakte aan schorren zelfs tot ruim eenderde wordt teruggebracht. Verwacht wordt dat de oester- en mosselcultuur kunnen blijven bestaan, en ook dat de kinderkamerfunctie voor met name schol, tong en garnalen niet te zeer achteruitgaat. Maar men weet niet precies wat de effecten van de veranderde stroomsnelheden zullen zijn, met gevolgen als slibafzetting, oeverafslag en geulverdieping. Het blijft dus voor een deel een kwestie van afwachten hoeveel van de huidige levensgemeenschap de ingrepen zal overleven. Nu is die tamelijk omvangrijk – 190 soorten plankton (dierlijk en plantaardig), 144 soorten algen en waterplanten, 325 soorten bodemdieren, 70 vis- en 25 vogelsoorten – maar men weet inmiddels maar al te goed hoe alles met alles samenhangt. Werd de ecologie bij de Deltawerken ingeschakeld naar aanleiding van de Oosterscheldedam, inmiddels is ze ook bij de overige Deltawerken een onmisbare hulpwetenschap geworden. Door de reeds uitgevoerde kunstwerken in het Deltagebied is namelijk een scala kunstmatig gecreëerde milieus ontstaan, die slechts bij zorgvuldig beheer goed functioneren. In al deze milieus wordt tegenwoordig voortdurend en nauwkeurig de waterkwaliteit, de bodemgesteldheid, de flora en fauna onderzocht en gemeten. Oorzaak en gevolg kan men vaak nog niet helemaal overzien. Meestal is het eerder zo, dat men met de gevolgen van eigen handelen wordt geconfronteerd, en dan de nodige maatregelen treft of zich noodgedwongen aanpast.

Net als vroeger dus, zij het gecompliceerder.

Schepen van kokkelvissers op de Roggenplaat, een intergetijdegebied ten zuiden van het eiland Schouwen dat tijdens eb vrijwel droog staat en bij iedere vloed vrijwel geheel onder water loopt. De Roggenplaat is een van de drukst gezochte foerageergebieden voor steltlopers in het Deltagebied. De brug linksachter is de tijdelijke brug naar het werkeiland Neeltje Jans dat voor de bouw van de doorlaatbare pijlerdam is aangelegd in de monding van de Oosterschelde.

ENGLISH

DEUTSCH

A solitary man busy with worm sticking on a sludge in the Oosterschelde.

Ein einsamer Mann beim Würmerstechen auf dem Schlickboden in der Oosterschelde.

THE ENVIRONMENT

THE NATURE AND LANDSCAPE of South-Holland and Zeeland have a long history. After the ice age, about 10,000 years ago, the landscape assumed in general lines its existing form. The sea rose and advanced far into river valleys, resulting in islands and peninsulas in the middle of estuaries: inlets of the sea into which one or more rivers empty. There the water is predominantly salty, and there is a strong tide action. Only few estuaries exist in the world, and the continually changing balance between the salty sea water and the fresh river water provides a special environment. The abundance of plants and animals is large, in sorts that are scarce elsewhere. Just as in Zeeland and South-Holland.

THE DISASTER IN 1953 came in a time when there was a growing belief in the technological possibilities. This confidence in technology, and the shock of the disaster led to the decision to tame the nature of the delta area forever. Removing the dangers had priority, and the simultaneous loss of the richess that the Delta area provided its inhabitants was of secondary importance. This changed at the end of the sixties and in 1974 the government decided to preserve the environment as much as possible in the last sea arm to be closed off, the Oosterschelde. Only: how?

THE ECOLOGIST had to help, a young branch of biology which studies relations among living organisms and their relationship with the environment. For the Oosterschelde questions had to be answered such as: How large do the openings in the dam need to be in order to maintain the tides? How large of a difference between low and high tide needs to remain in order to minimize the loss in sludging and shoring? What consequences can be expected with a given decline of the tides for shellfisch, fish, birds, plants and for the quality of the water! The answer to these questions require many kinds of measurements over a long period of time, for which new measuring instruments had to be designed.

DIE UMWELT

NATUR UND LANDSCHAFT von Zuid-Holland und Zeeland haben eine lange Geschichte. Nach der letzten Eiszeit, vor ca. 10.000 Jahren, erhielt die Landschaft in großen Zügen ihre heutige Gestalt. Die See stieg an und drang bis weit in die Flußtäler vor, wo inmitten von weiten, trichterförmigen Flußmündungen Inseln und Halbinseln entstanden: Seebuchten, in die eine oder mehrere Flüsse mündeten. Das Wasser ist dort überwiegend salzig mit einer starken Gezeitenwirkung. Es gibt nur wenige große, trichterförmige Flußdelta in der Welt und jedesmal trifft man dort ein wechselndes Gleichgewicht zwischen salziger See und süßem Flußwasser an, das die Lebensbedingungen für eine besondere Natur schafft. Der Reichtum an Pflanzen und Tieren in Gattungen, die sonst seltsam sind, ist groß. Dieses trifft auch für Zeeland und Zuid-Holland zu.

DIE KATASTROPHE VON 1953 geschah in einer Zeit wachsenden Glaubens im Hinblick auf die technischen Möglichkeiten. Dieses der Technik entgegengebrachte vertrauen und der Schock der Katastrophe führten zu dem Entschluß, dieses Mal die Naturgewalten im Deltagebiet für alle Zeiten zu zähmen. Die gefahrenbeseitigung stand hierbij im Vordergrund, der gleichzeitige Verlust der Reichtümer, die das Deltagebiet seinen Bewohnern schenkte, war von zweitrangiger Bedeuting. Das änderte sich Ende der sechziger Jahre. 1974 wurde doch noch von der Regierung beschlossen, die Natur im letzten noch abzusperrenden Seearm, der Oosterschelde, so umfassend wie möglich zu schützen. Die Frage war nur: wie?

DIE ÖKOLOGIE mußte bei dieser Aufgabe helfen, ein junger Zweig der Biologie, der die Beziehungen zwischen lebenden Organismen untereinander und zu ihrer Umwelt eingehend untersucht. Für die Oosterschelde mußte man eine Antwort auf die Frage finden: Wie groß müssen die Öffnungen im Damm zur Erhaltung der Gezeiten sein? Wie groß müssen die Unterschiede zwischen Ebbe und Flut bleiben, damit der Verlust an Schlick und Bodensätzen nicht zu groß ist? Mit welchen Folgen muß bei einem bestimmten Rückgang der Gezeiten für Schalentiere, Fische, Vögel, Pflanzen und in bezug auf die Qualität des Wassers gerechnet werden? Die Beantwortung dieser Fragen erforderte vielerlei messungen unterschiedlichster Art auf längere Sicht, zu deren Durchführung neue Meßinstrumente entworfen werden mußten.

Deltawerken

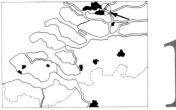

Tussen Capelle aan de IJssel en Krimpen aan de IJssel, 8 km ten oosten van Rotterdam, nabij de Van Brienenoordbrug.

Uitgevoerde werken:
Een dubbele beweegbare stormvloedkering (1954/58, 1976); een schutsluis (1958) en een verkeersbrug (1958) – de Algerabrug – die ter hoogte van de schutsluis beweegbaar is.

De stormvloedkering heeft schuiven met een breedte van 80 m, een hoogte van 11,5 m, een gewicht van 635 ton, en contragewichten van 215 ton (twee per schuif). De schuiven van de eerste waterkering kunnen alleen bij stilstaand tij worden neergelaten met een snelheid van maximaal 2 cm per seconde: ze zijn dan in een half uur dicht. De schuiven van de tweede kering zijn ook bij sterke stroming te sluiten. Doorvaarthoogte waterkering: 12 m boven NAP. Hoogte peilers: ongeveer 45 m. Schutsluis: kolkbreedte 24 m, lengte 120 m, vaardiepte: 4 m. Algerabrug: lengte 82 m, breedte ruim 19 m, doorvaarthoogte 8,80 m boven NAP, dus bij de hoogste waterstand ter plekke nog een doorvaarthoogte van 6 m.

STORMVLOEDKERING HOLLANDSE IJSSEL

'IN DE NACHT VAN 31 JANUARI op 1 februari 1953 kroop een kudde olifanten door het oog van de naald.' Zo typeerde Johan van Veen – de geestelijke vader van het Deltaplan – de situatie langs de Hollandse IJssel. Deze rivierarm staat, via de Nieuwe Waterweg, in open verbinding met de Noordzee, en kent een getijverschil dat zelfs in Gouda nog 1,70 meter bedraagt. De dijken langs de rivierarm waren in 1953 van slechte kwaliteit, en de toestand was tijdens de watersnoodramp inderdaad kritiek. Had niet die ene schipper zijn boot in de bres in de Schielandse Hoge Zeedijk gevaren, en hadden niet tientallen anderen klaar gestaan om elders zwakke plekken te versterken, dan was de hele Randstad ondergelopen (zie pag. 40).

Geen wonder dus dat het allereerste advies van de Deltacommissie een verbetering betrof van deze situatie. In principe waren daartoe twee mogelijkheden: het sterk verhogen van alle dijken langs de Hollandse IJssel, of het afsluiten van deze rivierarm. De eerste mogelijkheid werd verworpen: de bodem was ter plekke zo zwak dat de verhoogde dijken er met hun zwaardere massa zouden wegzakken. Afsluiting van de Nieuwe Waterweg was niet haalbaar gezien de belangen van de Rotterdamse Haven, en ook

De stormvloedkering in de Hollandse IJssel, gezien vanuit het zuid-westen. Aan dit eerste kunstwerk in het kader van de Deltawerken werd al in 1961 een boek gewijd, waarin de kering de naam kreeg 'de grendel van Holland' (geschreven door H. J. Stuvel). Een begrijpelijke naam: deze kering moet voorkomen dat bij gevaarlijk hoogwater de hele Randstad Holland overstroomt.

Op de vorige twee pagina's een satellietfoto van de Deltawerken.

permanente afsluiting van de Hollandse IJssel was ongewenst: de rioolafvoer vanuit Gouda zou dan in het gedrang komen, het scheepvaartverkeer (midden jaren vijftig zo'n 7,5 miljoen ton vracht per jaar) zou worden belemmerd en de getijdebeweging in de Hollandse IJssel was van belang voor het tegengaan van de verzilting.

BESLOTEN WERD DAAROM tot het bouwen van een dubbele beweegbare stormvloedkering in Krimpen aan de IJssel die bij dreigend hoogwater kan worden gesloten. Daarnaast werd een schutsluis gebouwd die ook bij gesloten kering het scheepvaartverkeer doorgang kan verlenen. Vervolgens kon een verkeersbrug over de IJssel worden gerealiseerd die ter hoogte van de schutsluis beweegbaar is.
De eerste stormvloedkering, de schutsluis en de brug kwamen in 1958 gereed; de tweede kering pas in 1976. De tweede is in enkele opzichten beter dan de eerste. Zo heeft hij een sterker aandrijfmechanisme voor zijn schuif, waardoor hij – anders dan de eerste kering – ook bij sterke stroming is te sluiten.

De schuiven van de kering worden aan de achterkant gesteund door een soort gekantelde boogbrug die bij stormvloed de krachten die worden uitgeoefend op de schuif overdraagt op de pijlers.

ENGLISH

Between Capelle aan de IJssel and Krimpen aan de IJssel, 8 km east of Rotterdam, close to the Van Brienenoord Bridge.

Executed projects: A double movable storm flood dam (1954/58, 1976); a lock (1958) and a traffic bridge (1958) – the Algera Bridge – that is movable to the height of the lock.

The storm tide dam has gates with a width of 80 m, a height of 11.5 m, a weight of 635 ton, and a counterweight of 215 ton (two per lock gate). The lock gates of the first dam can only be lowered with the stationary tide and with a maximum velocity of 2 cm per second: they are then closed in half an hour. The lock gates of the second dam can also be closed with strong currents. Head room of the bridge: 12 m above NAP. Height of the water mark: about 45 m. Lock: lock chamber width 24 m, length 120 m, depth of fairway: 4 m. Algera Bridge: length 82 m, width: more than 19 m, head room of the bridge 8.80 m above NAP, thus at the highest water level there is still a head room of 6 m at that place.

DEUTSCH

Das Gebiet zwischen Capelle aan de IJssel und Krimpen aan de IJssel, 8 km östlich von Rotterdam, in der Nähe der Brienenoord-Brücke.

Durchgeführte Projekte: Doppelte bewegliche Sturmflut-Schutzanlage (1954/58, 1976); eine Kammerschleuse (1958) und eine Verkehrsbrücke (1958) - die Algerabrücke -, die in Höhe der Kammerschleuse beweglich ist.

Die Sturmflut-Schutzanlage ist mit Schiebern mit einer Breite von 80 m, einer Höhe von 11,5 m, einem Gewicht von 635 Tonnen und Gegengewichten von 215 Tonnen (zwei je Schieber) ausgestattet. Die Schieber der ersten Schutzanlage können nur bei Gezeitenstillstand mit einer Geschwindigkeit von maximal 2 cm pro Sekunde herabgelassen werden: Der Schließvorgang dauert dann eine halbe Stunde. Die Schieber der zweiten Anlage sind auch bei starker Strömung zu schließen. Durchfahrthöhe Schutzanlage: 12 m oberhalb NAP. Höhe der Pfeiler: ungefähr 45 m. Kammerschleuse: Kammerbreite 24 m, Länge 120 m, Fahrtiefe: 4 m. Algerabrücke: Länge 82 m, Breite gut 19 m, Durchfahrthöhe 8,80 m oberhalb NAP, bei Höchstwasserstand an dieser Stelle noch eine Durchfahrthöhe von 6 m.

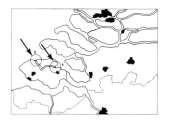

2

De Zandkreekdam ligt tussen Noord-Beveland en Goes op Zuid-Beveland; 80 km ten zuidwesten van Rotterdam, via de A29, het Hellegatsplein, de Grevelingendam en de Zeelandbrug.

De Veerse Gatdam ligt tussen Noord-Beveland en Vrouwenpolder op Walcheren; 10 km ten noorden van Middelburg, en 90 km ten zuidwesten van Rotterdam, via A29, Hellegatsplein, Grevelingendam en Zeelandbrug. Na de Zeelandbrug richting Vrouwenpolder.

Gerealiseerde werken:
Een schutsluis nabij Katse Veer (1958) aan de voet van de Zandkreekdam; de Zandkreekdam (1958/60), een secundaire dam; de Veerse Gatdam (1957/61), een primaire dam.

Schutsluis: schutbreedte 20 m, lengte 140 m, drempeldiepte 5,50 m beneden NAP, architecten F. W. de Vlaming en H. Salm; Zandkreekdam: lengte 830 m, gedicht met eenheidscaissons; Veerse Dam: lengte 2,8 km; twee opgespoten damgedeeltes van resp. 1700 m (noord) en 300 m (zuid); landhoofden van Phoenixcaissons, en – in het sluitgat van 324 m – doorlaatcaissons. Hoogte 13,5 meter boven NAP.

ZANDKREEKDAM EN VEERSE GATDAM

SLECHTS TWEE DAGEN VOOR de watersnoodramp van 1953 presenteerde de Studiedienst van de Directie Benedenrivieren van Rijkswaterstaat – onder leiding van J. van Veen – twee plannen voor het deltagebied: het 'Geleidelijke Plan' en het 'Directe Plan' (zie pagina 27). Deze plannen betroffen allebei de afsluiting van belangrijke zeearmen om zo grote zoetwaterbekkens te creëren en land te winnen. Beide plannen hadden ook als onderdeel de afsluiting van de Zandkreek en het Veerse Gat, waardoor tussen Walcheren, Noord-Beveland en Zuid-Beveland een meer zou ontstaan: het Veerse Meer. In het Deltaplan werd dit onderdeel overgenomen, nu voor het dienen van de veiligheid. Het zou een kustverkorting opleveren van ongeveer vijftig kilometer.
De afsluiting van Zandkreek en Veerse Gat vormden tezamen de eerste afsluiting van een zeearm in het kader van de Deltawerken. Hiervoor was vooral gekozen omdat dit de kleinste werken in het hele project waren; hier kon men de ervaring opdoen die men onmisbaar achtte bij de veel grotere werken.
De gevolgen van het afsluiten van het Veerse Meer waren te overzien, al waren ze toch nog aanzienlijk. Zo zou de vissersplaats Veere die functie verliezen; de mosselcultuur in Zandkreek moest verdwijnen, en

Op 4 mei 1960 werd met veel mankracht en onder grote publieke belangstelling de Zandkreekdam gesloten met twee aan elkaar gekoppelde caissons. Direct daarna begon men met het spuiten van zand in en rondom de caissondam, acht etmalen lang zonder onderbreking: totaal zo'n 250.000 m³ zand. Daarna werd de dam verder afgewerkt.

Pag. 87, boven:
de Zandkreekdam in 1981. Daaronder: de Veerse Gatdam op 25 april 1961 als daar de laatste caisson juist is geplaatst. Ditmaal zijn het doorlaatcaissons: de stroom kan erdoor nadat ze geplaatst zijn (onder). Op 27 april zijn de caissons gesloten: de dam was dicht.

er moesten nieuwe voorzieningen komen voor de rioolafvoer en de afwatering uit de omliggende polders. Vooral de vissers hebben krachtig tegen afsluiting geprotesteerd, ondanks het feit dat bij Colijnsplaat een nieuwe vissershaven werd aangelegd waarheen hun schepen konden verhuizen.

DE DAM IN DE ZANDKREEK werd aangelegd voor men aan de Veerse Dam begon: in het Waterloopkundig Laboratorium was berekend dat deze volgorde in verband met de stromingen van het water het gunstigst was. Begonnen werd met de bouw van een schutsluis, die niet alleen een functie kreeg voor de scheepvaart maar ook voor de waterhuishouding in het Veerse Meer. De Zandkreekdam werd gesloten met behulp van dichte eenheidscaissons, vervolgens opgespoten met zand en afgewerkt met verschillend materiaal: kleibekleding, teenconstructies, taludverdedigingen etc. Op 1 oktober 1960 werd de dam geopend als rijweg.

Met de afsluiting van het Veerse Gat was men inmiddels ver gevorderd. Al in 1958 had men op de zogenaamde Plaat van Onrust – een intergetijdegebied ten zuiden van Noord-Beveland – een dam aangelegd, en deze met zinkstukken en steen verstevigd. In 1959 was vervolgens een drempel gestort op de bodem van het Veerse Gat en had men aan weerszijden van het sluitgat een landhoofd gemaakt door daar een Phoenix-caisson te plaatsen.

VOOR HET EIGENLIJKE SLUITEN van het Veerse Gat werden zeven doorlaatcaissons gebruikt, die speciaal werden gemaakt in een bouwput aan de noordkust van Walcheren. Deze caissons hadden een grootte van $45 \times 20 \times 20$ meter, een bodembak van 3 meter hoog en waren aan de beide lange kanten open. De ene open kant was af te sluiten met behulp van een zevental verticaal beweegbare schuiven, de andere kant kon tijdelijk worden gedicht met houten drijfschotten. Voor het vervoeren van de caissons werden beide kanten dichtgemaakt, zodat de betonnen gevaartes bleven drijven. Waren ze eenmaal naar de juiste plek gevaren, dan gingen de schuiven en de drijfschotten open, en zonk zo'n betonblok naar beneden. De drijfschotten werden weggehaald, de metalen schuiven bleven open. Op deze wijze werd de stroming van de getijden zo min mogelijk gehinderd tot alle caissons op hun plaats stonden. Daarna wer-

den bij doodtij alle schuiven tegelijk gesloten. Vervolgens spoot men onmiddellijk een enorme hoeveelheid zand in en rondom de caissons om iedere verschuiving te voorkomen. Dit eenmaal gelukt, was het verder een kwestie van afwerken.

Het gereedkomen van de Veerse Gatdam voltrok zich snel, zonder noemenswaardige tegenslagen. Op 24 april 1961 werd het laatste caisson geplaatst (zie foto pag. 6), op 27 april de schuiven gesloten, en was het Veerse Gat een meer geworden. Ook de afwerking verliep zonder oponthoud: op 27 oktober werd de weg over de Veerse Gatdam in gebruik gesteld.

Boven: de Veerse Gatdam in juli 1968. Aan de zeezijde is dan al veel zand aangeslibd. Recreanten hebben het hier voor het kiezen: een dagje aan het echte strand, of aan het Veerse Meer.

Hiernaast: de dag dat de weg over de Veerse Gatdam in gebruik werd gesteld: 27 oktober 1961.

ENGLISH

The Zandkreek dam is located between Noord-Beveland and Goes on Zuid-Beveland: 80 km southwest of Rotterdam, via A29, the Hellegatsplein, the Grevelingen dam and the Zeeland bridge.

The Veerse Gatdam is located between Noord-Beveland and Vrouwenpolder on Walcheren; 10 km north of Middelburg, and 90 km southwest of Rotterdam, via A29, Hellegatsplein, Grevelingen dam and the Zeeland bridge. After the Zeeland bridge towards Vrouwenpolder.

Executed projects: a lock near the Katse Veer (1958) at the foot of the Zandkreek dam; the Zandkreek dam (1958/60), a secondary dam; the Veerse Gat dam (1957/61), a primary dam.

Lock: width of lock 20 m, length 140 m, lock sill depth 5.50 m below NAP;
Zandkreek dam: length 830 m, closed with unit caissons;
Veerse dam: length 2.8 km; two pumped sand dam parts of respectively 1700 m (north) and 300 m (south); abutment of Phoenix caissons, and – in the closing gap of 324 m – culvert caissons. Height 13.5 m above NAP.

DEUTSCH

Der Zandkreekdamm liegt zwischen Noord-Beveland und Goes auf Zuid-Beveland; 80 km südwestlich von Rotterdam, über die A29, das Hellegatsplein, den Grevelingendamm und die Zeelandbrücke.

Der Veerse Gatdamm liegt zwischen Noord-Beveland und Vrouwenpolder auf Walcheren; 10 km nördlich von Middelburg und 90 km südwestlich von Rotterdam, über die A29, Hellegatsplein, Grevelingendamm und Zeelandbrücke. Nach der Zeelandbrücke Richtung Vrouwenpolder.

Durchgeführte Projekte: Eine Kammerschleuse bei Katse Veer (1958) am Fuße des Zandkreekdammes; der Zandkreekdamm (1958/60), ein sekundärer Damm; der Veerse Gatdamm (1957/61), ein primärer Damm.

Kammerschleuse: Kammerbreite 20 m, Länge 140 m, Schwellentiefe 5,50 m unterhalb NAP;
Zandkreekdamm: Länge 830 m, mit Einheitscaissons gedichtet;
Veerse Damm: Länge 2,8 km; zwei aufgespritzte Dammabschnitte von 1700 m (Norden) bzw. 300 m (Süden); Brückenköpfe von Phoenixcaissons und – in der Schließöffnung von 324 m – Durchlaßcaissons. Höhe: 13,5 m oberhalb NAP.

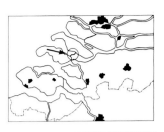

De Grevelingendam verbindt Goeree-Overflakkee (Zuid-Holland) met Bruinisse op Schouwen Duiveland (Zeeland); ligt 28 km ten zuiden van Rotterdam, via de A29; 54 km ten noordoosten van Middelburg, via A58 en Zeelandbrug.

Gerealiseerde werken:
Schutsluis bij Bruinisse (1959/62); Grevelingendam (1960/64), een secundaire dam voor de waterloopkundige scheiding van Oosterschelde en Brouwershavense Gat, tevens verkeersverbinding Zuid-Holland en Zeeland.

Schutsluis Bruinisse: schutlengte: 125 m, breedte: 16 m, drempeldiepte 5,5 m beneden NAP;
Grevelingendam: lengte 5 km, grootste breedte 97,5 m, hoogte: 7,5 m boven NAP. Gebouwd in drie fases: middelste damgedeelte over de Plaat van Oude Tonge (1960/61, opgespoten), zuidelijk damdeel over de geul Grevelingen (1962, met gesloten caissons), noordelijk deel over de geulen Krammer en De Bocht van St. Jacob (1962/64, geleidelijke sluiting met behulp van kabelbaan).

GREVELINGENDAM

DE GREVELINGENDAM IS een secundaire dam: zijn functie is niet direct het weren van de zee, maar het mogelijk maken van de aanleg van de primaire dammen die deze functie wel vervullen. Dankzij de Grevelingendam – een afsluiting van de wateren Grevelingen, Krammer en de Bocht van St. Jacob – werden het Brouwenshavense Gat en de Oosterschelde van elkaar gescheiden, zodat afsluiting van een van deze armen niet tot onaanvaardbaar sterke stromingen zou leiden in de andere arm.
Naast deze waterloopkundige functie heeft de dam een belangrijke betekenis als verkeersverbinding tussen Zuid-Holland en Zeeland. Het tracé van de dam is bepaald na ampel waterloopkundig en verkeerstechnisch onderzoek.
De aanleg vond plaats in een aantal fases. Eerst werd een schutsluis bij Bruinisse aangelegd voor het scheepvaartverkeer. Daarna werd het damgedeelte

De Grevelingendam in januari 1965: bijna geheel gereed, en gezien vanuit het zuid-westen. Van beneden naar boven zijn drie damgedeeltes te zien: de dam die met behulp van eenheidscaissons over de zuidelijke geul werd gelegd, dan het lange damdeel over de Plaat van Oude Tonge. Tenslotte de dam over de noordelijke geulen: de eigenlijke dam is recht door de aanleg met een kabelbaan, de weg erlangs loopt krom.

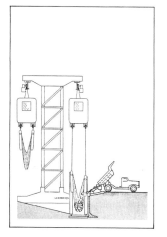

Het noordelijke deel van de Grevelingendam is gedicht met behulp van een kabelbaan, waar vandaan acht gondels in continubedrijf steen konden storten. Zo werd per week 13.500 ton steen verwerkt. Het laden van de gondels gebeurde met behulp van kipauto's aan het zuidelijk uiteinde van de kabelbaan. Voor het lossen werd een van de beugels van het hangnet onder de gondel langzaam gevierd.

opgespoten op de Plaat van Oude Tonge, midden in de Grevelingen. Vervolgens werd de zuidelijke geul van 400 meter breed met gesloten eenheidscaissons gedicht en afgewerkt.

VOOR HET SLUITEN VAN de twee noordelijke geulen werd een nieuwe methode gebruikt: de 'geleidelijke sluiting'. Aanvankelijk dacht men aan het bouwen van een tijdelijke brug waar vandaan auto's steen konden storten, maar om diverse redenen – geringer eigen gewicht, minder gevoelig voor windvang, grotere overspanningen mogelijk – koos men voor een reusachtige kabelbaan, met gondels die in continuarbeid steen konden storten. De sluiting verliep vol tegenslagen: stilstand door de strenge winter van 1962/63, vertragingen in de aanvoer van het benodigde materiaal door stakingen, en de eerste kabel sprong al bij het op spanning brengen met een harde knal kapot. Dit alles leidde tot een jaar vertraging. In 1964 was de dam gereed; in 1965/66 werd de weg erover afgemaakt die om verkeerstechnische redenen een kromming kreeg ten opzichte van de rechte dam. De berm die aan de binnenzijde van deze bocht ontstond, werd ingericht als recreatieterrein.

ENGLISH

The Grevelingen dam connects Goeree-Overflakkee (South-Holland) with Bruinisse in Schouwen Duiveland (Zeeland); it is located 28 km south of Rotterdam, via the A29; 54 km northeast of Middelburg, via A58 and the Zeeland bridge.

Executed projects: Lock at Bruinisse (1959/62); Grevelingen dam (1960/64), a secondary dam for the water course separation of Oosterschelde and Brouwershavense Gat, also traffic connection between South-Holland and Zeeland.

Lock Bruinisse: length 125 m, width 16 m, lock sill depth 5.5 m below NAP;
Grevelingen dam: length 5 km, largest width 97.5 m, height 7.5 m above NAP. Constructed in three stages: the mid dam part over the Plaat van Oude Tonge (1960/61, pumped) southern dam part over the channel Grevelingen (1962, with closed caissons), northern part over the channels Krammer and De Bocht van St. Jacob (1962/64, gradual closing with help of cable car line).

DEUTSCH

Der Grevelingendamm verbindet Goeree-Overflakkee (Zuid-Holland) mit Bruinisse auf Schouwen Duiveland (Zeeland); liegt 28 km südlich von Rotterdam, über die A 29; 54 km nordöstlich von Middelburg, über die A58 und Zeelandbrücke.

Durchgeführte Projekte: Kammerschleuse bei Bruinisse (1959/62); Grevelingendamm (1960/64), ein sekundärer Damm für die wasserlauftechnische Trennung von Oosterschelde und Brouwershavense Gat, gleichzeitig Verkehrsverbindung Zuid-Holland und Zeeland.

Kammerschleuse Bruinisse: Kammerlänge 125 m, Breite 16 m, Schwellentiefe 5,5 m unterhalb NAP;
Grevelingendamm: Länge 5 km, größte Breite 97,5 m, Höhe: 7,5 m oberhalb NAP. In drei Phasen gebaut: mittlerer Dammabschnitt über die Sandbank von Oude Tonge (1960/61, aufgespritzt), südlicher Dammabschnitt über die Wasserrinne Grevelingen (1962, mit geschlossenen caissons), nördlicher Abschnitt über die Wasserrinnen Krammer und De Bocht van St. Jacob (1962/64), allmähliche Absperrung mit Hilfe einer Kabelbahn).

VOLKERAKDAM EN HARINGVLIETBRUG

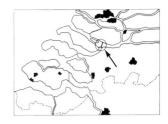

EVENALS DE GREVELINGENDAM is de Volkerakdam aangelegd als secundaire dam: hij moest een waterloopkundige scheiding bewerkstelligen tussen het Haringvliet en het Volkerak, en zo de aanleg van primaire dammen (Oosterscheldedam en Brouwersdam) mogelijk maken. Maar ook deze dam is tegelijkertijd een belangrijke verkeersverbinding vooral ook doordat aansluitend erop direct een brug is gebouwd over het Haringvliet.

Het tracé van de Volkerakdam is zo gekozen dat het westelijk gedeelte van 4 km lengte vrijwel geheel over de Hellegatplaten ten noorden van Goeree Overflakkee loopt. Op dit ondiepe intergetijdegebied ging de aanleg van een dam probleemloos: deze werd opgespoten uit zand en afgewerkt. Anders zou dat zijn met het resterende deel, oostelijk van de Hellegatplaten: een diepe geul met grote stroomsnelheden, het eigenlijke Volkerak.

Het Volkerak is vanouds een belangrijke vaarroute voor de scheepvaart van Antwerpen naar Rotterdam. Daarom ook moesten eerst twee grote schutsluizen worden aangelegd – met een derde sluis uit te breiden – voor met de dam kon worden begonnen. Een karwei van bijna vier jaar dat toen ook zeer moderne sluizen opleverde, waarin dankzij tussenhoof-

Driewegpunt tussen de Hoeksewaard, Goeree-Overflakkee en Noord-Brabant. 22 km ten zuiden van Rotterdam via A29; 72 km ten noordoosten van Middelburg, via A58, Zeelandbrug en Grevelingendam.

Uitgevoerde werken:
Drie schutsluizen in Volkerak bij Willemstad (1961/72); Haringvlietbrug (1961/64), balkbrug en deels beweegbare basculebrug); Volkerakdam (1957/69), secundaire dam voor waterloopkundige scheiding van Volkerak en Haringvliet; Beneluxweg en verkeersknooppunt Hellegatsplein (1969/72) Schutsluizen: kolkbreedte 24 m, lengte 320 m; Haringvlietbrug: lengte 1200 meter, doorvaarhoogte: 14 m boven NAP; Volkerakdam: lengte 6 km, grootste breedte ongeveer 100 m, hoogte 7 m boven NAP. Gebouwd in twee fasen: westelijk damgedeelte van ruim 4 km lang over de Hellegatplaten (1957/59, opgespoten); oostelijk gedeelte van ruim 1200 m over het Volkerak (1967/69, doorlaatcaissons en schuine landhoofdcaissons); Beneluxweg: lengte damdeel en aanrit 7,5 km, incl. een viaduct van 114 m (onderkant 14 m boven NAP, d.w.z. 9 m boven de sluizen) en een beweegbare basculebrug.

Volkerakdam en Haringvlietbrug in 1973, gezien vanuit het zuidoosten. Rechtsonder de schutsluizen, direct daarboven een inlaatsluis, en daar weer boven een sluis voor jachten. Het Hellegatsplein (links) is een kruisingsvrij verkeersknooppunt. De Haringvlietbrug, middenboven, verbindt het Hellegatsplein met de Hoeksewaard.

den halverwege de kolklengtes het oponthoud voor de schepen zo beperkt mogelijk was. Tegelijkertijd met de aanleg van deze sluizen werd de Haringvliet-brug gebouwd om de westelijke damhelft al vast met de Hoeksewaard te verbinden. Dit werd een zoge-naamde 'balkbrug' wat wil zeggen dat alle dragende delen van de constructie zich bevinden onder het wegdek.

MET HET MOEILIJKSTE WERK, het sluiten van het Vol-kerak, werd eind 1966 een begin gemaakt. Een verge-lijkende studie toonde aan dat een sluiting met door-laatcaissons hiervoor beter geschikt was dan sluiting

met behulp van een kabelbaan, vooral omdat in het eerste geval minder sterke stromingen zouden optre-den. Behalve deze doorlaatcaissons werden in het Volkerak twee schuine landhoofdcaissons gebruikt: schuin aflopende betonnen blokken die, tegen door-laatcaissons geplaatst, ontgronding onder de dam door tegengingen. De sluiting verliep voorspoedig, daarna werd de Beneluxweg aangelegd via een via-duct over de sluizen. Op het ontmoetingspunt van dam en Haringvlietbrug werd vervolgens het Helle-gatsplein vervolmaakt: een kruisingsvrij verkeers-knooppunt. In de jaren zeventig is de derde schut-sluis gebouwd, evenals een jachtsluis.

De doorlaatcaissons voor de Volkerakdam wachten in hun bouwput aan de oostkust van het Volkerak op het moment dat zij hun plaats in de dam zullen krijgen. In tegenstelling tot de doorlaatcaissons die werden gebruikt bij de Veerse Gatdam bevinden de stalen schuiven zich hier in het midden van de caissons; hierdoor zijn deze stabieler en leveren ze een beter stroombeeld op als ze al geplaatst zijn, maar de schuiven nog open staan.

ENGLISH

Three-way point between the Hoeksewaard, Goeree Overflak-kee and Noord Brabant. 22 km south of Rotterdam via A29; 72 km northeast of Middelburg via A58, Zeeland bridge and Gre-velingen dam.

Executed projects: Three locks in the Volkerak near Willem-stad (1961/72); Haringvliet bridge (1961/64), girder bridge and movable bascule bridge; Volkerak dam (1957/69), secon-dary dam for water course separation of the Volkerak and Haringvliet; Benelux road and traffic junction Hellegatsplein (1969/72).

Locks: chamber width 24 m, length 320 m;
Haringvliet bridge: length 1200 m, head room: 14 m above NAP;
Volkerak dam: length 6 km, largest width about 100 m, height 7 m above NAP. Constructed in 2 stages: western part of dam more than 4 km long over the Hellegatsplaten (1957/59, pumped); eastern part of more than 1200 m over the Volkerak (1967/69, culvert caissons and beveled abutment caissons); Benelux road: length dam part and approach 7.5 km, in-cluding viaduct of 114 m (lower side 14 m above NAP, i.e. 9 m above the locks) and a movable bascule bridge.

DEUTSCH

Dreiwegpunkt zwischen den Gebieten Hoeksewaard, Goeree Overflakkee und Nord-Brabant. 22 km südlich von Rotterdam über die A29; 72 km nordöstlich von Middelburg, über die A58, Zeelandbrücke und Grevelingendamm.

Durchgeführte Projekte: Drei Kammerschleusen im Volkerak bei Willemstad (1961/72); Haringvlietbrücke (1961/64), Bal-ken- und teils bewegliche Hebebrücke; Volkerakdamm (1957/69), sekundärer Damm zur wasserlauftechnischen Trennung von Volkerak und haringvliet; Beneluxroute und Verkehrsknotenpunkt Hellegatsplein (1969/72).

Kammerschleusen: Kammerbreite 24 m, Länge 320 m;
Haringvlietbrücke: Länge 1200 m, Durchfahrthöhe: 14 m oberhalb NAP;
Volkerakdamm: Länge 6 km, größte Breite ungefähr 100 m, Höhe 7 m oberhalb NAP. In zwei Phasen gebaut: westlicher Dammabschnitt von gut 4 km Länge über die Sandbänke des Hellegat (1957/59, aufgespritzt); östlicher Abschnitt von gut 1200 m über das Volkerak (1967/69, Durchlaßcaissons und schräge Brückenkopfcaissons); Beneluxroute: Länge Damm-abschnitt und Anfahrt 7,5 km, einschl. eines Viaduktes von 114 m (Unterseite 14 m oberhalb NAP, d.h. 9 m oberhalb der Schleusen) und eine bewegliche Hebebrücke.

HARINGVLIETDAM EN HARINGVLIETSLUIZEN

MET DE EERSTE WERKZAAMHEDEN voor de afsluiting van het Haringvliet werd al in 1955 begonnen door de aanleg van een werkhaven te Hellevoetsluis. De bouw van de Haringvlietdam zelf – een primaire dam – moest wachten tot de Volkerakdam gereed was die het Haringvliet moest scheiden van het Oosterscheldegebied.

De afsluiting van het Haringvliet neemt binnen de Deltawerken een uitzonderlijke plaats in. Want behalve een zeewerende functie heeft deze dam ook een uitermate belangrijke taak voor de waterhuishouding. In het Haringvliet monden de grootste Nederlandse rivieren uit; vrijwel de helft van het Rijnwater en vrijwel alle water uit de Maas en de Waal. Door in de monding van het Haringvliet een dam en een ingenieus sluizenstelsel te bouwen kon de afvoer van al dat rivierwater beter worden gereguleerd, om aldus de verzilting tegen te gaan.

DE MONDING VAN HET HARINGVLIET is ter plekke van de afsluiting zo'n 4,5 km breed, en de afsluiting kende verschillende onderdelen. Het meest ingewikkelde was het ontwerp en de aanleg van het sluizencomplex waarvan men had berekend dat er zo'n 21.000 m^3 water per seconde door moest kunnen

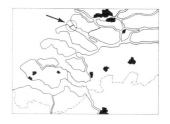

De Haringvlietdam ligt tussen Voorne (bij Hellevoetsluis) en Goeree (bij Stellendam); 36 km ten zuidwesten van Rotterdam, via de A4. Vanuit het zuiden te bereiken via Grevelingendam of Brouwersdam.

Uitgevoerde werken:
Haringvlietdam en Haringvlietsluizen (1957/71: dubbel uitgevoerde sluizen met zeewerende functie en waterhuishoudkundige taak (regulering rivierafvoer, tegengaan van verzilting); Schutsluis bij Stellendam (1960/64), met buiten- en binnenhaven, de laatste geoutilleerd als vissershaven.
Haringvlietsluizen: 17 dubbele sluizen. Sluisdeuren elk 56,5 m (rivierzijde) of 58,5 m (zeezijde) breed, via 25 m lange stalen armen bevestigd aan Nabla-liggers (elk 8500 ton, met de vorm van het Egyptisch muziekinstrument Nabla) die tezamen een betonnen brug vormen;
Schutsluis: kolkbreedte 16 m, kolklengte 144 m;
Haringvlietdam, incl. sluizen: 4,5 km, aangelegd in verschillende fasen. Na de sluizen eerst het zuidelijk damdeel van 400 m tussen sluizen en schutsluis (1968, opgespoten), vervolgens het noordelijk damgedeelte van 1500 meter (1967/71, gesloten met behulp van een kabelbaan).

Zijaanzicht van de Haringvlietsluizen, gezien vanuit het zuidwesten (zeezijde). Tijdens bijna elk laagwater staan de schuiven open om rivierwater naar zee te spuien; bij hoogwater zijn ze juist gesloten om te voorkomen dat het zoute water landinwaarts stroomt. In zes van de 17 pijlers is overigens een speciale opening gemaakt voor het doorlaten van glasaal en vis.

stromen naast soms grote hoeveelheden drijfijs. In totaal zou het benodigde sluizencomplex bijna een kilometer van de riviermonding beslaan; daarnaast bleef dus nog 3,5 km over om met dammen af te sluiten. En dan moest er nog een schutsluis komen voor werkvaartuigen, vissersschepen en jachten.

Het lag voor de hand met de sluizen te beginnen: deze konden dan als doorlaatcaissons fungeren tijdens de afbouw van de dam. Dit alleen al was een werk dat zo'n veertien jaar zou duren.

Het complex kreeg 17 doorstroomopeningen, elk 56,5 m breed, die werden gescheiden door pijlers van 5,5 m breedte. Zowel aan de zeekant als aan de rivier-kant zijn schuiven aangebracht: aan de zeekant met een hoogte van 3 m boven NAP om de golven te breken; aan de rivierkant met een hoogte van 5 m boven NAP die voor de eigenlijke afsluiting moeten zorgen. Dit betekent bij een ligging van de sluisvloeren op 5,5 m onder NAP een totale hoogte van de sluisdeuren van respectievelijk 8,5 en 10,5 m.

Voor de bevestiging van deze schuiven is een speciale constructie bedacht: ze zijn via stalen armen van 25 m lengte verbonden met draaipunten aan een betonnen brug, waardoor ze ook tijdens het openen en sluiten optimaal worden ondersteund. Deze brug is opgebouwd uit 17 liggers van ieder zo'n 8700 ton –

De Nabla-liggers zijn een van de meest vitale onderdelen van de Haringvlietsluizen: hieraan zijn via wendbare armen de sluisdeuren bevestigd, en zij moeten dus de enorme krachten opvangen die op de sluisdeuren kunnen worden uitgeoefend. Het formaat van ieder van de 17 Nabla-liggers is hiernaar: ze bestaan elk uit 22 moten van 230 ton, 2 eindschotten van 850 ton, 23 voegen met een wijdte van 50 cm, en 193 zware spankabels die met een gezamenlijke kracht van meer dan 26.000 ton de moten, eindschotten en de voegen samenpersen tot één geheel.

Op de dwarsdoorsnede van de Haringvlietsluizen (onder) is te zien hoe de sluisdeuren via stalen armen schuin aan de Nabla-liggers zijn opgehangen. De donker-blauwe waterlijn is de stand bij NAP, bijvoorbeeld als tijdens eb de sluisdeuren zijn geopend. De lichtblauwe waterlijn toont de situatie bij een stormvloedstand van 5 m boven NAP: de sluisdeuren aan de zeekant breken de golven, de hogere sluisdeuren aan de rivierkant stoppen de zee pas echt.

Op pag. 95 de kabelbaan voor de Haringvlietdam in werking.

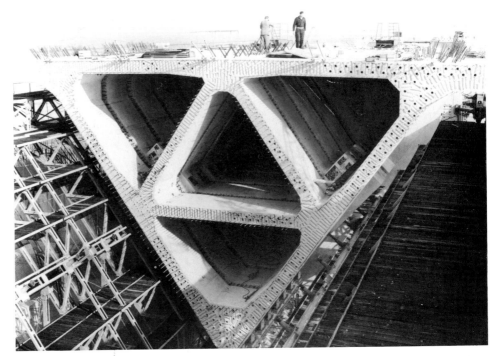

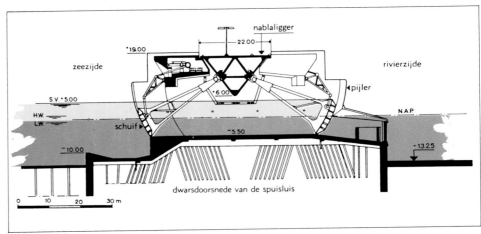

dwarsdoorsnede van de spuisluis

voor elke sluis een – die zorgvuldig zo zijn ontworpen dat de enorme druk erop goed verdeeld wordt. De vorm van zo'n ligger deed denken aan het Egyptisch muziekinstrument de Nabla, vandaar de benaming Nabla-liggers.

VOOR DE BEDIENING VAN DIT GEHEEL zijn in de sluizen zelf al 68 machinekamers ingebouwd; een centraal bedieningsgebouw controleert ze. Op deze wijze is het mogelijk de waterlozing zo te reguleren, dat de soms strijdige belangen van veiligheid, waterhuishouding en scheepvaart alle zo goed mogelijk worden bediend.
De verdere afsluiting van het Haringvliet geschiedde met dammen. Het zuidelijk damgedeelte kon zonder speciale technieken met zandspuiten worden gedicht. Het noordelijk deel van zo'n 1500 m over het diepe Rak van Scheelhoek besloot men met behulp van een kabelbaan te sluiten. Vooral vanwege de grotere stroomsnelheden in het Haringvliet werd zwaarder materiaal gebruikt dan bij de Grevelingen. De gondels van deze nieuwe kabelbaan droegen per tocht vier betonblokken van elk zo'n 2,5 ton.

ENGLISH

The Haringvliet dam is located between Voorne (near Hellevoetsluis) and Goeree (near Stellendam); 36 km southwest of Rotterdam, via A4. To be reached from the south via the Grevelingen dam or the Brouwers dam.

Executed projects: Haringvliet dam and Haringvliet sluice (1957/71): double executed sluice with sea averting function and water regulation (regulation of river drainage, countering over salting); lock at Stellendam (1960/64), with outside and inside harbour, the latter equiped as fishing harbour.

Haringvliet sluice: 17 double sluices. Each gate 56.5 m (river side) or 58.5 m (sea side) wide, attached to Nabla-girders by way of steel arms 25 m long (each 8500 ton, with the form of the Egyptian music instrument Nabla) which together form a concrete bridge;
Lock: chamber width 16 m, chamber length 144 m;
Haringvliet dam, including sluices: 4.5 km, constructed in different stages. After the sluices first the southern dam part of 400 m between sluices and lock (1968, pumped), then the northern dam part of 1500 m (1967/71, closed with the help of a cable car line).

DEUTSCH

Der Haringvlietdamm liegt zwischen Voorne (bei Hellevoetsluis) und Goeree (bei Stellendam); 36 km südwestlich von Rotterdam, über die A4. Aus südlicher Richtung kommend, über Grevelingendamm oder Brouwersdamm zu erreichen.

Durchgeführte Projekte: Haringvlietdamm und Haringvlietschleusen (1957/71): doppelt ausgeführte Schleusen mit seewehrender Funktion und wasserhaushaltstechnischer Aufgabe (Regulierung Flußabfuhr, Steuerung zur Verminderung der Versalzung); Kammerschleuse bei Stellendam (1960/64) mit Außen- und Innenhafen, letzterer als Fischershafen eingerichtet.

Haringvlietschleusen: 17 doppelte Schleusen. Schleusentüren jeweils 56,5 m (Flußseite) oder 58,5 (Seeseite) breit, mit Hilfe 25 m langer Stahlarme an Nabla-Trägern befestigt (diese haben ein Einzelgewicht von 8500 Tonnen in der Form des ägyptischen Musikinstrumentes Nabla), die zusammen eine Betonbrücke bilden;
Kammerschleuse: Kammerbreite 16 m, Kammerlänge 144 m;
Haringvlietdamm, einschl. Schleusen: 4,5 km, in verschiedenen Phasen angelegt. Nach den Schleusen zuerst südlichen Dammabschnitt von 400 m zwischen Schleusen und Kammerschleuse (1968, aufgespritzt), anschließend den nördlichen Dammabschnitt von 1500 m (1967/71, geschlossen mit Hilfe einer Kabelbahn) hergestellt.

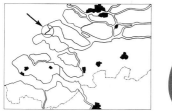

6

De Brouwersdam is de meest westelijke verbinding tussen Goeree en Schouwen Duiveland, ten westen van het Grevelingenmeer. 50 km ten zuidwesten van Rotterdam, via A4 en Haringvlietbrug. Vanuit het zuiden te bereiken over de Zeelandbrug naar Schouwen, dan richting Scharendijke.

Gerealiseerde werken:
Brouwersdam (1965/72): primaire dus zeewerende dam, westelijke afsluiting van het Grevelingenmeer, bedoeld – met Haringvlietdam en Oosterscheldedam – als onderdeel van de Dammenweg.

Brouwersdam: lengte 6 km, breedte 193 m, hoogste punt 11 m boven NAP. Gebouwd in twee fases: eerst het middelste damgedeelte van 3000 meter over Kabbelaarsbank, Kabbelaarsgeul en Middelplaat (1965/67, opgespoten), vervolgens gelijktijdig het damgedeelte over de noordelijke geul Kous van 400 meter (1967/71, doorlaatcaissons en schuine landhoofd-caissons) en het damdeel over de zuidelijke geul Brouwershavense Gat (1967/71, met kabelbaan).

De kabelbaan die werd gebruikt voor de sluiting van de zuidelijke geul – het eigenlijke Brouwershavense Gat – was weer geavanceerder dan die voor de Grevelingendam en de Haringvlietdam. In totaal waren er nu 16 gondels die elk per rit 6 blokken van 2,5 ton vervoerden. Per uur kon zo 1000 ton steen worden verwerkt.

Rechts de Brouwersdam vanuit het zuidwesten, in 1976: aan de zeekant (links) is al vrij veel zand aangeslibd. De Middelplaat (links) en de Kabbelaarsbank (rechts) zijn duidelijk als ondiepe gedeeltes te onderscheiden.

BROUWERSDAM

DE BROUWERSDAM IS een van de belangrijkste zeewerende dammen van de Deltawerken. Bij ieder getij stroomde hier zo'n 360 miljoen m^3 water naar binnen of buiten, wat bij het Veerse Gat slechts 70 miljoen m^3 was, en bij het Haringvliet 260 miljoen m^3. De afsluiting van het Brouwershavense Gat betekende dat hieraan voorgoed een eind kwam en tevens dat de Grevelingen – na de oostelijke afsluiting in 1962 – nu ook aan de westkant werd afgesloten van de zee, zodat het Grevelingenmeer ontstond.

Voor de afsluiting van het Brouwershavense Gat kon men kiezen uit verschillende tracés. Uit overwegingen van veiligheid was het belangrijk de dam zo westelijk mogelijk aan te leggen, uit financieel oogpunt was het van belang zo weinig mogelijk diepe sluitgaten in het traject te hebben. Daarnaast speelde een rol dat het natuurreservaat 'De Zouten Haard' op de westkust van Schouwen bij voorkeur een zout milieu moest houden. Tenslotte werd het tracé zodanig gekozen dat de dam over de ondiepe Kabbelaarsbank en Middelplaat zou lopen, en drie geulen moest overbruggen. Van noord naar zuid: de vrij diepe Kous, de ondiepe Kabbelaarsgeul en tenslotte het zeer diepe Brouwershavense Gat.

DE WERKZAAMHEDEN BEGONNEN in het ondiepe deel: op de zandbanken en over de Kabbelaarsgeul werd in 1965/66 zonder noemenswaardige problemen een dam van 3 km lengte opgespoten. De sluiting van het zuidelijk en noordelijk sluitgat moest vervolgens in nauw onderling samenspel worden uitgevoerd, omdat dichting van het ene gat de stroomsnelheden in het andere onmiddellijk zou beïnvloeden. Ieder toenemen van de stroomsnelheid kon immers tot uitschuring van de bodem leiden.

Vandaar dat eerst werd begonnen met een grondige versteviging van de bodem in de beide geulen, alleen al voor de zuidelijke geul was men hier meerdere jaren mee bezig. Vervolgens werden de sluitgaten gelijktijdig gedicht, via verschillende methoden. Voor de noordelijk gelegen geul Kous met maximale diepten van 14 m beneden NAP, werden caissons gebruikt. Evenals bij de Volkerakdam waren dit doorlaatcaissons met stalen schuiven in het midden in combinatie met schuine landhoofdcaissons, maar de afmetingen waren nu wat groter. Maten de caissons bij het Volkerak $45 \times 15 \times 13$ m, en de schuine landhoofdcaissons $31 \times 17,5 \times 13$ tot 5 m; bij Kous waren deze afmetingen respectievelijk $68 \times 18 \times 16$ m en $47 \times 20 \times 16,6$ tot 5 m.

VOOR HET SLUITEN VAN het zuidelijke Brouwershavense Gat met diepten tot 27 m koos men weer voor een kabelbaan, een verbeterde versie van die voor de Haringvlietdam. Ditmaal droegen de gondels elk 6 blokken met 2 tot 4 ton stukgewicht, terwijl de capaciteit van de kabelbaan dankzij kortere overspanningen sterk was vergroot.

Nadat dit alles was geklaard kon men met de afwerking van de gehele dam beginnen. Er werd een brede verkeersweg aangelegd die samen met de weg over de Haringvlietdam en over de Oosterscheldedam omstreeks 1980 de 'Dammenweg' zou vormen. Toen het weggedeelte over de Brouwersdam in 1972 werd geopend, was het uitstel van de Oosterscheldedam niet te voorzien.

ENGLISH

The Brouwers dam is the most western connection between Goeree and Schouwen Duiveland, west of the Grevelingenmeer. 50 km southwest of Rotterdam, via A4 and Haringvliet bridge. To be reached from the south over the Zeeland bridge to Schouwen, then in the direction of Scharendijke.

Executed projects: Brouwers dam (1965/72); a primary, therefore a sea averting dam, western closing of the Grevelingenmeer, intended – with the Haringvliet dam and Oosterschelde dam – as part of the Dammenweg.

Brouwers dam: length 6 km, width 193 m, highest point 11 m above NAP. Constructed in 2 stages; first the mid dam part of 3000 m over the Kabbelaarsbank, Kabbelaar channel and Middelplaat (1965/67, pumped), then simultaneously the dam part over the northern channel Kous of 400 m (1967/71, culvert caissons and bevelled abutment caissons) and the dam part over the southern channel Brouwershavense Gat (1967/71, with cable car line).

DEUTSCH

Der Brouwersdamm stellt die westlichste Verbindung zwischen Goeree und Schouwen Duiveland, westlich des Grevelingenmeeres, dar. 50 km südwestlich von Rotterdam, über die A4 und Haringvlietbrücke. Von Süden kommend, über die Zeelandbrücke nach Schouwen, dann Richtung Scharendijke.

Durchgeführte Projekte: Brouwersdamm (1965/72): primärer, daher seewehrender Damm, westlicher Absperrung des Grevelingenmeeres, als Bestandteil – mit Haringvlietdamm und Oosterscheldedamm – der Dammroute.

Brouwersdamm: Länge 6 km, Breite 193 m, höchster Punkt 11 m oberhalb NAP. In zwei Phasen gebaut: zuerst mittlerer Dammabschnitt von 3000 m über Kabbelaarsbank, Kabbelaarsrinne und Mittelplatte (1965/67, aufgespritzt), anschließend gleichzeitig den Dammabschnitt über die nördliche Wasserrinne De Kous von 400 m (1967/71, Durchlaßcaissons und schräge Brückenkopfcaissons) und den Dammabschnitt über die südliche Rinne Brouwershavense Gat (1967/71, mit Kabelbahn).

TOT HET LAATST werd ermee gewacht, met die Ooster-schelde. Want men wist al te goed wat voor een moei-lijke zeearm dit was: diep en grillig. De watersnood-ramp van '53 was nergens zo ernstig als in de gebie-den rond de Oosterschelde: van de 1835 slachtoffers waren er 977 uit deze omgeving. De Deltacommissie heeft nog wel overwogen grotere prioriteit te geven aan de afsluiting van juist deze zeearm, maar gezien de verwachte moeilijkheden, besloot men tot het uit-gangspunt van 'klein naar groot': beginnen met de kleinere werken om de ervaring op te doen om des te trefzekerder de grotere werken aan te kunnen.

Maar juist toen die ervaring was verzameld, toen kwam de kink in de kabel. De samenleving was veran-derd. De Club van Rome had in 1971 gewaarschuwd voor de grenzen aan de economische groei, supertan-kers waren lek geslagen op de stranden van Europa en een dierbaar natuurgebied tussen Rotterdam en de Noordzee was verdwenen voor de tomeloze ex-pansie van de welvaartssamenleving.

Er kwam twijfel aan het axioma van Rijkswaterstaat dat de veiligheid alleen gediend wordt met drastische kustverkorting. Wat met de Westerschelde kon, moest toch ook met de Oosterschelde kunnen: ver-hogen van de bestaande dijken. Dat argument werd belangrijker naarmate het inzicht groeide dat met een afsluiting unieke natuurgebieden verloren

Stormvloedkering in de mond van de Oosterschelde, tussen Schouwen Duiveland en Noord-Beveland (17 km ten westen van Zierikzee, 14 km ten noorden van Middelburg). Werkzaamheden te bezichtigen bij Burghsluis: route Zeelandbrug, afslag Zierikzee en Haamstede.

Werken: zeewerende dammen op de zandplaat Roggenplaat en in het Geul (tussen de werkeilanden Neeltje Jans en Noordland), drie stormvloedkeringen in de geulen Hammen (16 pijlers), Schaar (17 pijlers) en Roompot (32 pijlers). Een schutsluis voor de kleinere scheepvaart in de Roompot. Over het geheel een tweebaans autoweg. Een centraal dienstengebouw - J. W. Topshuis - op Neeltje Jans, ontwerp architect W. G. Quist.

Totale lengte 9 km. De vaste dammen zijn opgespoten. De stormvloedkering (totaal 2835 m lang) bestaat uit 65 pijlers (op staal) met 62 stalen, beweegbare schuiven (42 m lang) elektrisch aangedreven met stroom van 10 dieselgeneratoren. Schutsluis $100 \times 16,5$ meter met een bodem NAP $- 6,5$ m.

In 1972 werden uitgebreide proeven gedaan om bij de aanleg van de gesloten Oosterscheldedam gebruik te maken van helikopters. Omdat hier de afsluiting van diepe en sterke stroomgeulen een nauwkeurig en moeizaam werk is - veel meer nog dan bij het Brouwershavense Gat - kon een onderbreking van het storten van blokken niet geriskeerd worden. Eventueel uitvallen van de kabelbaan dacht men op te vangen met helikopters. Van het Amerikaanse leger werd een Sikorsky S-64 Skycrane gehuurd om in de Oosterschelde een dam tussen de werkeilanden Neeltje Jans en Noordland te storten. Het resultaat bevredigde.

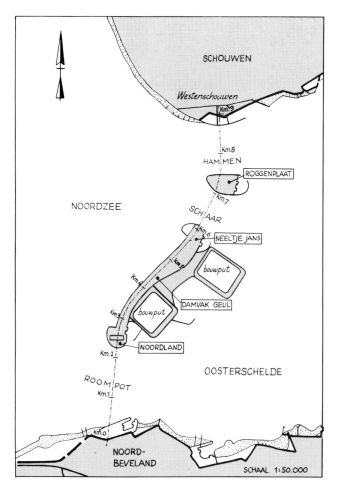

Boven: in 1974 besloot 'de politiek' het werk aan de afsluitdam in de Oosterschelde te staken ten gunste van een 'open dam'. De vergevorderde voorbereidingen moesten ongedaan worden gemaakt. Zo werd de kabelbaan – die al gereed was – weer afgebroken en de onderdelen werden opgeslagen.
De werkeilanden Roggenplaat en Neeltje Jans – zie de schets hiernaast – konden blijven. Het traject tussen Schouwen en Noord-Beveland is in totaal 9 km lang, waarvan Neeltje Jans bijna 4 km voor zijn rekening neemt. Er zijn in het traject drie geulen: de Hammen (1,5 km lang, 20 meter diep), de Schaar (1 km, 20 meter diep) en de Roompot (ruim 2 km, meer dan 30 meter diep). Het zijn deze geulen die ieder afzonderlijk worden voorzien van stormvloedkeringen. Neeltje Jans en Roggenplaat vormen het vaste gedeelte van de dam.

gingen. Actiegroepen – financieel gesteund door vissers te Yerseke – wisten met succes telkens tot de publiciteitsmedia door te dringen en termen als 'kraamkamerfunctie' en 'broedplaats voor Noordzeevis' drongen door tot in de huiskamers. Meer nog: drongen door tot de 'besluitvormers', tot hen die de potentiële macht hebben veranderingen in het beleid door te voeren.
En het beleid werd veranderd. Voor de Oosterschelde werd gedecreteerd dat zoveel mogelijk het getijverschil en het zoute water gehandhaafd moest blijven. Een vernuftig politiek compromis was het gevolg: een afsluiting die open bleef, of een open Oosterschelde die af te sluiten was. Het redde een kabinet, al kostte het geld, veel geld.
Toch werd daarmee de politiek de onverwachte katalysator in het zoeken naar nieuwe technische oplossingen. Als er ergens in de jaren zeventig en tachtig nieuwe vindingen zijn gedaan, dan is het wel rond de Oosterschelde.

WAT GEBEURDE ER... De politiek drong af dat een 'nieuwe Deltacommissie' de afsluiting van de Oosterschelde bekeek. Afstandelijk, en nu eens niet alleen vanuit de gezichtshoek van de veiligheid maar ook met een afweging van andere aspecten en dan met name die van het milieu.
De commissie-Klaasesz (zo genoemd naar de voorzitter) koos voor een compromis: noch het afsluiten zoals voorzien in het Deltaplan, noch het ophogen van de dijken rondom de Oosterschelde. Nee: een stormvloedkering in de zeearm. Stormvloedkeringen waren mogelijk. Bij Krimpen aan de IJssel werd op deze manier de Hollandse IJssel tegen hoge waterstanden beschermd. Maar ja, de Hollandse IJssel is niet te vergelijken met de Oosterschelde. En toch, zei de commissie Klaasesz, toch kan het. En het parlement ging – zij het onder voorwaarden – akkoord.

EN HET KON NIET. Niet dat het de commissie-Klaasesz is kwalijk te nemen. Ze moest snel rapporteren want

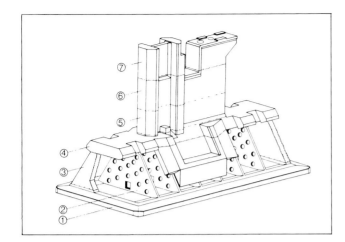

Van maart 1979 tot april 1983 werden in drie bouwputten van het eiland Neeltje Jans 66 betonnen pijlers gebouwd. De hoogte ervan varieert van ruim 30 m tot bijna 39 m; gewicht ongeveer 18.000 ton.
De pijler rust op een voetplaat (1) van massief beton (25 × 50 m) die later wordt omspannen met een flexibele grindzak voor een goede afdichting met de ondergrond (zie foto). Boven de voetplaat een hol caisson (3) dat van binnen is voorzien van tussenwanden (2); deze ruimte wordt pas met zand gevuld als de pijlers in de Oosterschelde staan. Op het dak van het caisson (4) rust de eigenlijke pijler die kan worden onderscheiden in een aanzetstuk (5), een tussenstuk (6) en de kop (7). Het vullen van de caissons gebeurt door een opening in het tussenstuk.
In de 66 pijlers is voor 450.000 kubieke meter beton verwerkt.

de tijd was kort. De voorbereidingen voor de bouw van een afsluitdam waren al voltooid en eigenlijk was men al met de feitelijke afsluiting begonnen. Toen de commissie dan ook binnen een half jaar tot zijn conclusie kwam, mocht niemand veronderstellen dat dit een technisch volmaakt advies was. Het gaf alleen in brede lijnen aan dat er een andere oplossing mogelijk was.

Het advies: sluit de Oosterschelde voorlopig af met een niet hoge dam van betonblokken waarover het water nog net zijn weg kan vinden. Dat beschermt het achterland tegen stormvloeden terwijl de getijden - zij het wat verminderd - blijven bestaan. Bouw dan op het bestaande werkeiland, in een diepe put, een stormvloedkering, zet deze onder water en maak van de voorlopige blokkendam een definitieve dam, min of meer volgens de oude opzet.

Dat advies, hoe goed bedoeld ook, kon niet. Afgezien van die blokkendam - dat werkt wel voor een tijdje, maar niet voor een paar jaar zoals de bedoeling was -

was het bezwaar vooral gericht op het bouwen van een stormvloedkering op het werkeiland. Want zo'n eiland wordt gebouwd op het meest ondiepe punt om vandaar uit de diepe geulen met hun getijstromen gemakkelijker te kunnen dichten. Wordt de stormvloedkering op die plek gebouwd, dan worden de bestaande stromen afgedamd en die moeten dan een nieuwe weg zoeken naar de Oosterschelde. Drastische veranderingen dus in stromen, geulen en platen, met grote, onvoorspelbare gevolgen voor het milieu.

Vandaar dat Rijkswaterstaat - toen men besefte dat het pleit voor een dichte dam verloren was - zocht naar andere oplossingen. Dat gebeurde des te ambitieuzer nadat binnen de Deltadienst een groot aantal belangrijke functies door jongeren was ingenomen. Het idee van het bouwen van een stormvloedkering in een bouwput - 'op het droge' - werd verlaten. De bouw ervan moest in het 'natte' gebeuren.

Aanvankelijk dacht men in het verlengde van de er-

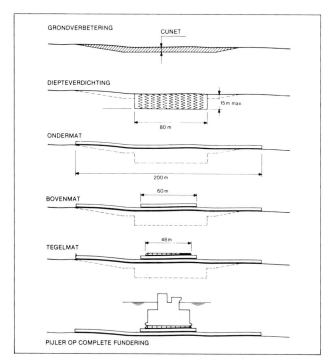

varingen van eerdere deltawerken. Zoals men bij sluitingen gebruik maakte van doorlaatcaissons die met hun guillotineachtige genadeslag een zeearm plotseling afsloten, zo wilde men dit principe blijvend toepassen: normaal de caissons open, bij stormvloed de guillotine dicht. Maar dat gaf problemen. Caissons een tijdje, desnoods een, twee seizoenen op een rijtje houden is niet zo moeilijk. Maar pakweg tweehonderd jaar... dat vraagt heel wat van de ondergrond. Dan moeten ze wel heel vast en gelijkmatig liggen. Dat kost veel tijd: alle caissons onderheien, hoge eisen aan de ondergrond. Vandaar het idee om met tussenpozen pijlers te plaatsen met daartussen grote schuiven. Een vergrote uitvoering van de Hollandse IJssel als het ware. Die pijlers zouden rusten op diepe betonnen putten van 26 meter diep die in de grond werden gedreven.

EN OOK DAT KON NIET. Onderzoek leerde dat de 'pijlerdam op putten' niet stabiel genoeg was. De pijlers zouden de neiging hebben iets te gaan kantelen en een scheve pijler, hoe gering uit het lood ook, verhindert dat de schuif nog kan zakken. Diepere putten bleken betrekkelijk weinig te helpen terwijl bovendien het beschikbare budget dan ruim werd overschreden.

Op dat moment had Rijkswaterstaat tegen de minis-

Linksboven: schema van het leggen van de fundering voor de pijlers. Eerst baggert men een sleuf – cunet – om een betere ondergrond te krijgen; waar de ondergrond slecht blijft wordt deze met zand verbeterd en soms opgehoogd. Het cunet wordt met grind afgedekt. Daarna wordt de bodem verdicht om de draagkracht te vergroten. En dan wordt de bodem tot op de gewenste diepte uitgebaggerd en gelijktijdig afgedekt met een ondermat (200 × 42 m, dik 36 cm). Over deze ondermat komt een kleinere bovenmat (60 × 29 m, dik 36 cm). Blijkt de ondergrond niet egaal genoeg, dan kan dat gecorrigeerd met tegelmatten van diverse diktes: 15 tot 60 cm. Omdat de matten niet precies aansluiten, komt over de voegen nog een mat met grind (200 × 13,5 m).

Het verdichten van de grond gebeurt met een speciaal ponton – boven en onder –: de Mytilus (mossel). Het schip, in 1979 opgeleverd, is uitgerust met 4 naalden van

37 m lang met aan de punt vinnen. De naalden – 40 ton aan gewicht elk – worden in de grond gedreven en aan het stampen en trillen gebracht. Het is te vergelijken met het vullen van een pak suiker: suiker erin en dan even schudden waardoor de suiker compacter wordt. Door het trillen van de naalden komen de deeltjes van de ondergrond dichter en steviger op elkaar.

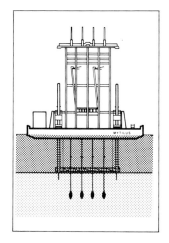

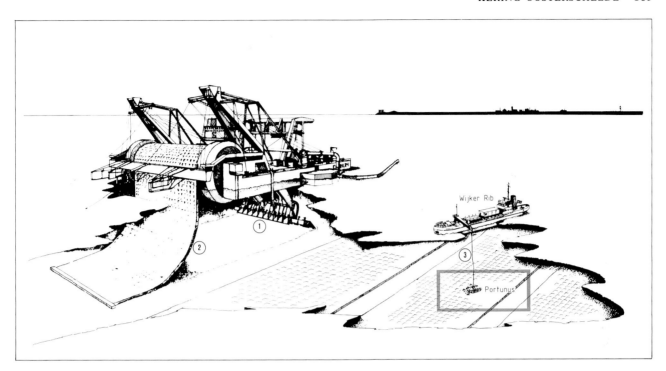

Boven en rechts: Het leggen van de onder- en bovenmatten gebeurt door de Cardium (kokkel). Onder water heeft dit schip (linksboven) een 44 m brede zuig- en baggermond (1) die de bodem vlakzuigt, waarna meteen de mat wordt afgerold (2). Op de tekening vaart het schip van links naar rechts. De controle van de matten gebeurt met de Portunus (zwemkrab) – een een voertuig van 6 m lang en 4 m breed dat met een streng (3) is verbonden met het schip Wijker Rib. In het voorste gedeelte (4) bevinden zich sensoren, meetinstrumenten en tv-camera's. Voor het rijden over de snel beschadigbare onder- en bovenmat heeft het voertuig 4 grote – met water gevulde – banden zoals gebruikt in Formule-1 raceauto's (5); met rupsbanden (6) kan het de hogere, betonnen tegelmatten inspecteren.

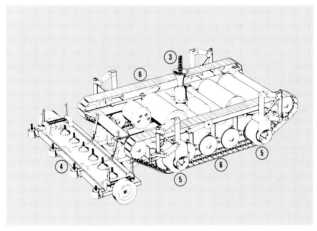

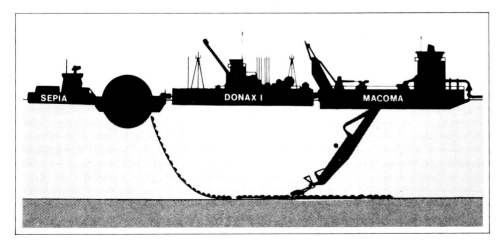

De voegen tussen de diverse matten worden bedekt door een stroombestendige mat (200 × 13,5 m) verzwaard met in gaas verpakte rollen grind en steen. Deze mat wordt (links) afgerold door de Sepia (inktvis) met behulp van de Donax 1 en de Macoma (nonnetje). De Macoma is voorzien van een stofzuiger maar hij is ook geschikt als afmeerponton voor de Ostrea (volgende pagina's).

De drie bouwputten waarin de pijlers zijn gebouwd waren eigenlijk polders. Nadat de bouw klaar was, werd de put weer onder water gezet – foto boven – zodat het werkschip Ostrea (oester) kan binnen varen. Dit hoefijzervormige schip 'omarmt' een pijler en heft deze op. Weliswaar weegt een pijler 18.000 ton, maar door de holle caissons (zie pag. 101) ontstaat een opwaartse druk. Met een hefvermogen van 10.000 ton kan de Osterea een pijler opheffen (rechts) en naar zijn bestemming transporteren. Daar meert het hefschip aan de Macoma (zie pagina 103) die de Ostrea uiterst nauwkeurig op zijn plaats houdt en die tevens met zijn stofzuiger de matten zandvrij houdt.

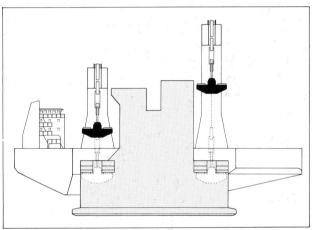

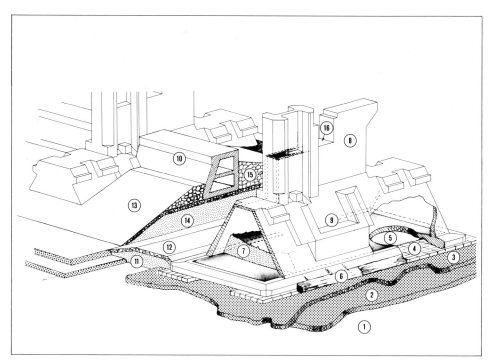

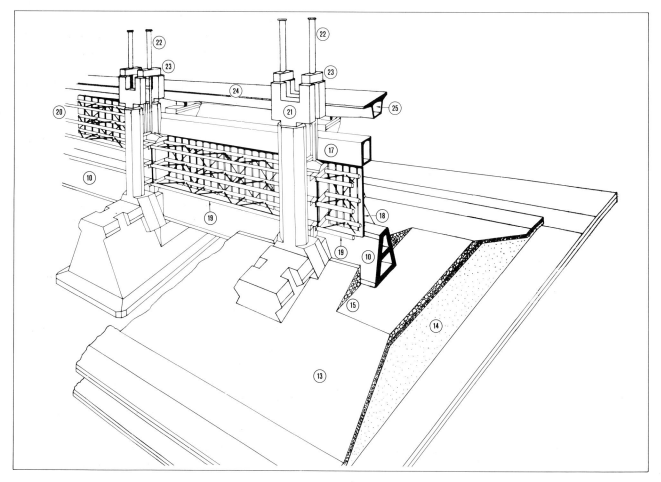

Verklaring van de cijfers:

1. verdichte ondergrond (het werk van de Mytilus, p. 102)
2. ondermat;
3. bovenmat (zie p. 103);
4. tegelmat die zorgt dat de pijler recht komt te staan;
5. de groutvulling: de ruimte tussen pijlervoet en funderingsmat wordt opgevuld met grout, een mengsel van cement, zand en water (zie ook volgende pagina, linksonder);
6. flexibele grindzak voor een goede afdichting tussen voet van de pijler en de matten;
7. ballast van zand dat vanaf de verkeersweg later in de pijler wordt gestort (zie ook volgende pagina, onder);
8. stortgaten voor zand;
9. steunpunten voor

betonnen dorpelbalk tussen de pijlers;
10. dorpelbalk 39 m lang, 8 × 8 m; gewicht 2.500 ton voor het later wordt opgevuld met zand;
11. grind over voegen tussen de matten;
12. afdekmat voor voegen;
13. tussen de pijlers wordt een onderwaterdrempel aangelegd met een
14. kern van kleinere stortsteen en
15. een toplaag van grote stenen (6 tot 10 ton per stuk aan gewicht). Uiteindelijk zal de hele drempel bestaan uit ongeveer 5 miljoen ton stortsteen.
16. steunpunt bovenbalk;
17. bovenbalk van voorgespannen beton, 5 × 4 m; gewicht 1100 ton;
18. stalen schuif (Oosterscheldezijde), 42 m lang; hoogte variërend van

5,90 tot 11,90 m; gewicht 300–500 ton;
19. vakwerkliggers en buizen (zeezijde);
20. schuif in open toestand;
21. opzetstuk (later op pijler geplaatst) voor de hydraulische installatie die de schuiven moeten bewegen;
22. cilindermantel met zuigerstang;
23. verbindingsbalk waarin cardankoppeling van zuigerstang;
24. verkeersweg;
25. leidingen, dienststraat.

ter kunnen zeggen dat de bouw van een 'compromis-dam' technisch niet mogelijk was. Gezien de ontbindende voorwaarden die de Kamer van de minister had afgedwongen, zou dan alsnog tot volledige afsluiting zijn overgegaan: het plan dat de Deltadienst tot voor kort nog met hand en tand had verdedigd. Dat gebeurde niet en dat kan alleen worden verklaard door de personele veranderingen binnen de dienst. Bijna fanatiek werd naar een andere oplossing gezocht waarbij op ruime schaal de hulp is ingeroepen van particuliere bouwers. Als het niet dieper kan, dan de putten vergeten en de pijlers zo breed – 25 × 50 meter – maken dat ze zonder diepe fundering blijven staan. Zoiets is te vergelijken met een huis: de meeste huizen in Nederland worden gefundeerd met heipalen, maar waar de grond stevig is (zandgronden) kan dat heien achterwege blijven. Dan kan volstaan worden met een betonnen plaat als ondergrond. Op 'staal bouwen' heet dat vanouds, al heeft dat niets met ijzer te maken.

Wel moest in de Oosterschelde de nogal zwakke ondergrond worden verdicht, een techniek die Rijkswaterstaat op kleine schaal eerder had toegepast. Bovendien moesten er onder de pijlers een aantal beschermende matten worden gelegd die voorkomen dat de bodem door de zee wordt aangetast. Ook moest de bouwtijd in de grillige Oosterschelde tot het minimum worden beperkt. Het meeste werk zou daarom zoveel mogelijk van te voren op het droge gebeuren: prefabricage. In aparte polders op het werkeiland konden de pijlers worden gebouwd die dan met speciale schepen op hun plaats werden gebracht waarbij dan met hoogwaardige elektronica tot op de centimeter nauwkeurig de pijlers op hun plaats werden gebracht.

Onder: Links het zogenaamde ondergrouten van de pijlers, rechts het vullen met ballast.
1. betonmortelwagen stort grout (mengsel van cement, zand en water) in een leiding;
2. een pomp in het caisson pompt het grout naar

3. de ruimte tussen de pijler en de bovenmat;
4. een dekschuit met zand pompt een mengsel van zand en water door de leiding;
5. in het holle caisson van de pijler;
6. zandballast.

MEN DACHT DAT DIT WEL KON. Restte het definitieve ontwerp. Het afdammen van de Oosterschelde in zijn geheel – 9 kilometer – met een stormvloedkering was financieel niet haalbaar. Vandaar dat het traject ook vaste dammen moest hebben. Van de commissie-Klaasesz is al duidelijk, dat dit vaste gedeelte juist niet in de bestaande stroomgaten diende te vallen, maar op het lager gelegen gedeelte: de reeds gebouwde werkeilanden. Daartussen zouden de trajecten met beweegbare schuiven komen. De totale 'doorlaatopeningen' konden respectievelijk 11.500, 14.000 en 20.000 vierkante meter worden waarbij met de

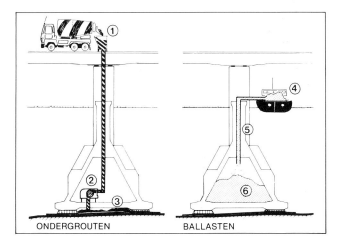

ONDERGROUTEN   BALLASTEN

grootste opening bij Yerseke nog een getijverschil zou blijven van 3.10 meter en met de kleinste nog maar een verschil van 2.30. De grootste opening zou nagenoeg geen gevolgen voor het milieu hebben terwijl vaststond dat de kleinste opening problemen kon opleveren. In het najaar van 1977 besloot de Tweede Kamer tot een doorlaatopening van 14.000: al weer een compromis, dat werd ingegeven door kostenoverwegingen. De grootste opening zou 160 miljoen gulden meer hebben gekost.

Om het achterland – dat nu jaren langer moest wachten op de beloofde veiligheid – niet te veel risico's te laten lopen, werden de dijken rond de Oosterschelde gedeeltelijk verhoogd, een operatie die – ondanks vroegere uitlatingen van Rijkswaterstaat – redelijk is verlopen.

De laatste van de zestien pijlers is geplaatst in het eerste traject Hammen, tussen Schouwen (boven) en Roggeplaat. De Ostrea heeft zich net los gemaakt van de Macoma en vaart achteruit weg van de pijler.

ENGLISH

DEUTSCH

The storm flood dam in the Oosterschelde being built.

Die sich im Bau befindliche Sturmflut-Schutzanlage in der Oosterschelde.

OOSTERSCHELDE

At first the Oosterschelde would be entirely closed off with a dam constructed with concrete blocks. For this one considered to also use helicopters in addition to a cable car line (p. 99). After the political decision was made to leave the Oosterschelde open for the sea tides, the already built cable car line was taken apart (p. 100). A new dam was designed with movable gates between pillars. The pillars rest on a hollow caisson that is built in a polder (p. 101). The bottom of the Oosterschelde is compressed by a long vibrating needle (p. 102) after which the ship Cardium places mats on the bottom (p.103) so that the currents can not corrode the base. The pillars are being hoisted from the flooded polders by the ship Ostrea (p. 104/5) and placed very accurately on the mats. Then the sills and gates are being placed between the pillars (p. 106) and the pillar is filled with sand (p. 107). Over the pillars there will be a highway.

OOSTERSCHELDE

Zunächst sollte die Oosterschelde ganz durch einen mit Hilfe von Betonblöcken angelegten Damm abgeschlossen werden. Hierfür dachte man neben einer Kabelbahn auch an den Einsatz von Helikoptern (S. 99). Nachdem die politische Entscheidung gefallen war, die Oosterschelde mit Sicht auf die Erhaltung der Gezeiten offenzuhalten, wurde die bereits gebaute Kabelbahn wieder abgebrochen (S. 100). Es wurde ein neuer Damm mit beweglichen Schiebern zwischen Pfeilern entworfen. Der Pfeiler ruhte auf einem in den Polder gebauten Hohlcaisson (S. 101). Der Boden der Oosterschelde wird mit Hilfe langer Schwingungsnadeln verdichtet (S. 102), wonach das Schiff Kardium-Matten auslegt (S. 103), sodaß die Strömungen den Untergrund nicht antasten können. Die Pfeiler werden aus der überschwemmten Polderlandschaft vom Schiff Ostrea (S. 104/5) aufgerichtet und mit größter Genauigkeit auf die Matten gestellt. Anschließend werden Schwellen und Schieber zwischen den Pfeilern angebracht (S. 106) und wird der Pfeiler mit Sand gefüllt (S. 107). Über den Pfeilern wird ein Verkehrsweg angelegt.

ENGLISH

Storm flood dam in the mouth of the Oosterschelde, between Schouwen Duiveland and Noord-Beveland (17 km west of Zierikzee, 14 km north of Middelburg). Operation to be seen at Burghsluis; route Zeeland bridge, exit Zierikzee and Haamstede.

Projects: sea averting dams on the sand bank Roggenplaat and in the Geul (between the work islands Neeltje Jans and Noordland), three storm flood dams in the channels Hammen (16 pillars), Schaar (17 pillars) and Roompot (32 pillars). A lock for the smaller ship navigation in the Roompot. A 2 lane road over it all. A central service building - J. W. Topshuis - on Neeltje Jans, designed by architect W. G. Quist.

Total length 9 km. The fixed dams are constructed as block dams with the help of cable car line and a helicopter. The storm flood dam (total length 2835 m) consists of 65 pillars (of steel) with 62 steel movable gates (42 m long), electrically driven with a current from 10 diesel generators. Lock 100 × 16.5 m with a bottom NAP −6.5 m.

DEUTSCH

Sturmflut-Schutzanlage in der Mündung der Oosterschelde, zwischen Schouwen Duiveland und Noord-Beveland (17 km westlich von Zierikzee, 14 km nördlich von Middelburg). Besichtigung der Arbeiten bei Burghsluis: Route Zeelandbrücke, Abfahrt Zierikzee und Haamstede.

Projekte: seewehrende Dämme auf der Sandplatte Roggenplaat und in der Wasserrinne (zwischen den Werkinseln Neeltje Jans und Noordland), drei Sturmflut-Schutzanlagen in den Rinnen Hammen (16 Pfeiler), Schaar (17 Pfeiler) und Roompot (32 Pfeiler). Eine Kammerschleuse für die kleinere Schiffahrt im Roompot. Über die Gesamtanlage eine zweispurige Autobahn. Ein zentrales Dienstgebäude - J. W. Topshuis - auf Neeltje Jans, Entwurf Architekt W. G. Quist.

Gesamtlänge 9 km. Die festen Dämme sind als Blockdamm mit Hilfe von Kabelbahn und Helikopter angelegt worden. Die Sturmflut-Schutzanlage (insgesamt 2835 m lang) besteht aus 65 Pfeilern (auf Stahl) mit 62 beweglichen Stahlschiebern (42 m lang), elektrisch mit Strom von 10 Dieselgeneratoren angetrieben. Kammerschleuse 100 × 16,5 m mit einem Boden NAP −6,5 m.

Compartimentering

DE OOSTERSCHELDE OPEN... Kabinet en parlement mochten dat nu wel medio jaren zeventig hebben beslist, het gaf wel vele extra vraagstukken. Zo zijn er heel wat meer problemen dan het bedenken van een technisch en financieel haalbare pijlerdam.

Een zout blijvende Oosterschelde levert gevaren voor de zoetwaterhuishouding in Brabant en Zeeland, terwijl het in 1963 met België gesloten traktaat een Schelde-Rijnverbinding verordonneert die getijde vrij is. Het wordt daarom noodzakelijk de Oosterschelde alsnog op te delen in een zout gedeelte en een zoet gedeelte.

DAT OPDELEN HEET 'COMPARTIMENTERING'. Door de Oosterschelde in zoute en zoete compartimenten te verdelen kan de waterhuishouding beter worden geregeld en kan het scheepvaartverkeer tussen Rotterdam en Antwerpen onbelemmerd door getijverschillen plaatsvinden. Er is nog een voordeel. De pijlerdam in de Oosterschelde heet weliswaar open te zijn, maar in werkelijkheid wordt de dam slechts gedeeltelijk voorzien van doorlaatopeningen. Dat dempt de waterbeweging met als gevolg een beperking van het getijverschil. Wordt nu het gebied waarin het getijverschil plaatsvindt verkleint – wat bij compartimentering gebeurt –, dan wordt het getijverschil weer vergroot.

De Commissie-Klaasesz die de mogelijkheden van andere oplossingen dan een afgesloten dam voor de minister van Verkeer en Waterstaat onderzocht, somt achterin zijn in 1974 uitgebrachte rapport 47 mogelijke compartimenteringen op van het Oosterscheldegebied. Waarmee maar gezegd wil zijn, dat het een vrij complexe materie is.

In 1974 – nadat kabinet en parlement onder bepaalde voorwaarden akkoord gingen met een open afsluitdam – werd de Commissie Compartimentering Oosterschelde (CCO) ingesteld die zowel de minister van Verkeer en Waterstaat als de provinciale besturen van Zeeland en Noord-Brabant moest adviseren over het opdelen van de Oosterschelde.

De commissie bestudeerde het probleem zo breed mogelijk waarbij onder meer landbouw, visserij, milieu, landschap, scheepvaart, planologie, kosten, techniek en planning werden betrokken bij de overwegingen.

In 1975 rapporteerde de CCO te kiezen voor het model dat bij de commissie-Klaasesz al werd aangeduid met B3C3: grofweg hield dit plan de aanleg in van twee nieuwe secundaire dammen:
- een afsluiting van het Volkerak bij de Krammer door een dam voorzien van een aantal schutsluizen (de Philipsdam);
- de afsluiting van het oostelijk gedeelte van de Oosterschelde door een dam met schutsluis tussen Tholen en Zuid-Beveland (de Oesterdam).

Het scheepvaartverkeer tussen Antwerpen en Rotterdam zal door dit plan geen extra hinder ondervinden, omdat de doorvaart in het getijloze gebied achter de secundaire dammen plaats vindt. Maar het scheepvaartverkeer dat van Gent en Terneuzen via het Kanaal door Zuid-Beveland naar Rotterdam vaart, krijgt te maken met een extra sluis, die in de Philipsdam. Om dit ongemak wat te verzachten, werd besloten de noordelijke sluis in het Kanaal door Zuid-Beveland te verwijderen. Weliswaar krijgt het Kanaal daardoor enigszins te maken met getij vanuit de open blijvende Oosterschelde, maar aan dat bezwaar werd niet al te zwaar getild.

Dat de compartimentering in zijn geheel een nogal omvangrijk werk is, blijkt uit de kosten. Die werden in 1980 op het toenmalige prijspeil geraamd op ruim 1,2 miljard gulden.

DAT DIE KOSTEN ZO HOOG ZIJN, wordt voornamelijk veroorzaakt door de hoge eisen die worden gesteld aan het beheersen van de nieuwe zoetwaterbekkens achter de dammen. Om deze nieuwe meren voldoende zoet te houden, moeten de te bouwen sluizen worden voorzien van systemen die het zoute en het zoete water scheiden. Bij het schutten van schepen vanuit de zout blijvende Oosterschelde naar de zoetwatermeren komt er onvermijdelijk zout water in de sluis. Dat nu moet op de een of andere manier worden afgevoerd eer de sluis weer wordt geopend om de schepen te laten uitvaren. Omgekeerd wil men voorkomen dat bij het schutten van schepen vanuit de zoete meren naar de Oosterschelde, veel zoet water verloren gaat.

Voor wie denkt dat het met die hoeveelheid zout water in een sluis wel mee valt, het volgende voorbeeld. Iedere keer dat de met zeewater gevulde sluis van IJmuiden aan de landzijde wordt geopend, komt er een hoeveelheid zout – let wel: zout zonder water – het Noordzeekanaal binnen die gelijk staat aan de inhoud van 150 spoorwagons. Nu is die sluis in IJmui-

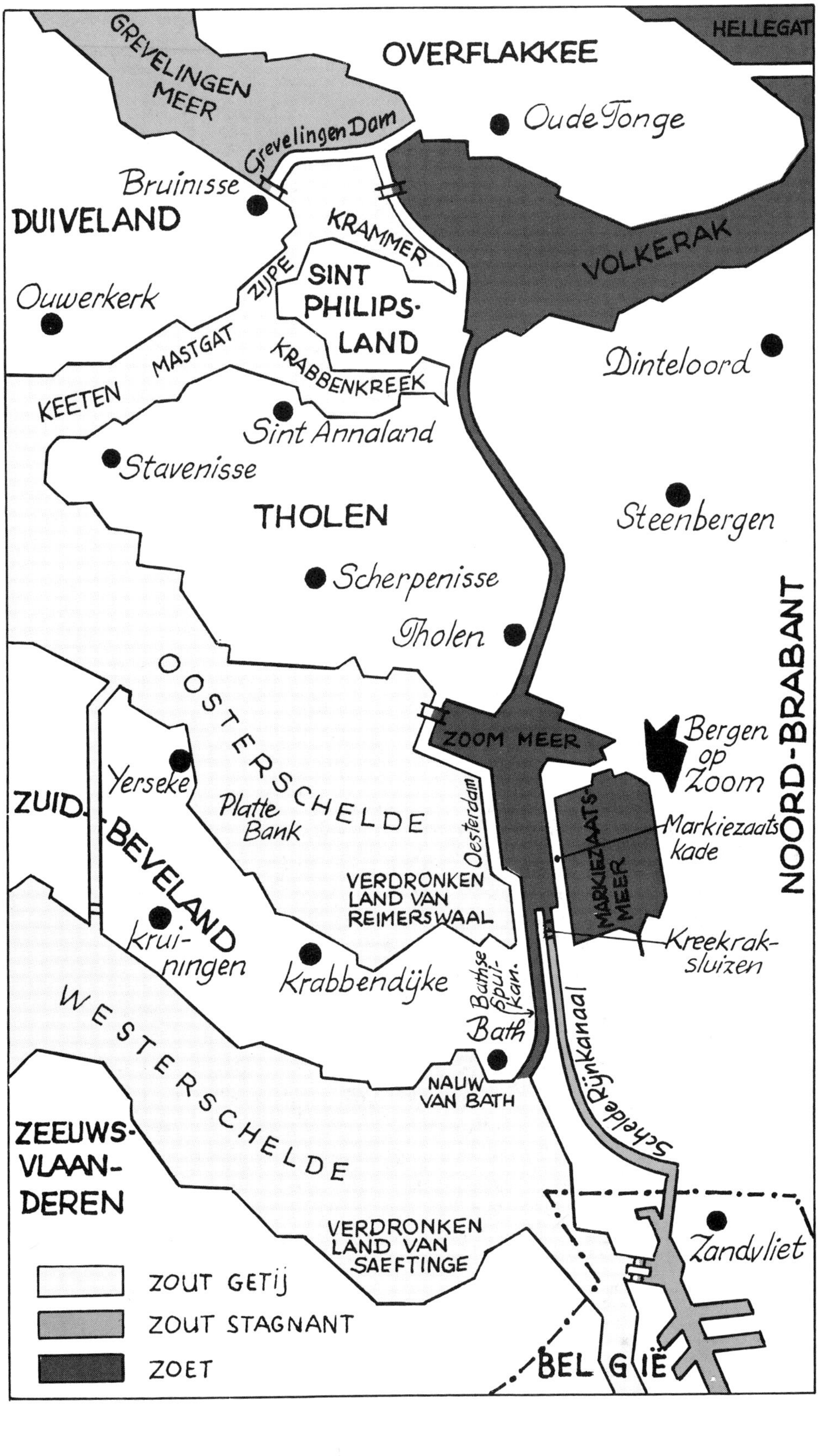

Overzicht van het gehele traject compartimenterings- werken.

Tussen de Grevelingendam en Sint Philipsland de Philipsdam met de Krammersluizen. Het scheepvaartverkeer van Rotterdam naar Antwerpen buigt voor deze sluizen af naar de gekanaliseerde Eendracht, een onderdeel als het ware van het Schelde- Rijn-Kanaal.

Tussen Tholen en Zuid- Beveland in de Oosterschelde de Oesterdam met daarachter de Markiezaatskade. Daar ontstaan twee meren: het Zoommeer en het Markiezaatsmeer.

Het hele zoetwaterbekken wordt in het noorden van water voorzien via de Volkerakssluis (niet op de kaart). Het water heeft in het zuiden zijn uitlaat via het Bathse Spuikanaal dat door Zuid-Beveland parallel loopt aan het Schelde-Rijnkanaal. De zoet wordende Krammer/Volkerak (wel aangeduid als noordelijk Zoommeer) heeft een oppervlak van 6500 ha waarvan na de afsluiting 4700 ha permanent onder water. Het (zuidelijke) Zoommeer wordt 1300 ha dat bijna geheel onder water loopt. Het Markiezaatsmeer wordt 2200 ha waarvan de helft onder water loopt. Boven water komen de slikken en de schorren.

ZOUT GETIJ
ZOUT STAGNANT
ZOET

Rechts: een overzicht van de ligging van de Philipsdam. De dam sluit halverwege aan op de Grevelingendam omdat in de ontwerpfase nog onzeker was of het Grevelingenmeer zoet dan wel zout wordt. Door een aansluiting halverwege bestaat de mogelijkheid bij een zoet Grevelingen alsnog een sluis te bouwen aan de kant van Oude-Tonge.

Onder: het definitieve ontwerp van de Krammersluizen.

A. Krammer, zoet;
B, C en D. omarmend zoet water dat de beide schutsluizen omgeeft en dat via de geperforeerde wanden kan worden ingelaten;
E. Zijpe (een aftakking van de Oosterschelde), zout;
F. hoge bekken, zout (niveau minimaal 80 cm boven niveau Volkerak);
G. Slaakkanaal, zout (open verbinding met Zijpe);
H. lage bekken, zout (niveau maximaal 1 m onder niveau Volkerak);

1 en 2. schutsluizen geschikt voor duwvaart;
3. sluizen voor zeiljachten;
4. ruimte voor latere derde schutsluis;
5. inlaatriool naar hoge bekken (bij laagwater in het Zijpe pompt het gemaal zout water via het riool naar de sluizen: 'opwaarts nivelleren');
6. doorlaatriool naar kanaal Slaak (wordt naar sluizen gepompt bij het schutten richting Oosterschelde);
7. uitlaatriool naar laag bekken (bij hoogwater in het Zijpe pompt het gemaal zout water uit sluis via riool naar bekken: 'neerwaarts nivelleren');
8, 9, 10. pompgemalen voor onderlinge uitwisseling van het water tussen beide bekkens en kanaal;
11. dam naar Philipsland, tevens autoweg (maakt veer Anna Jacobapolder-Zijpe overbodig);
12. dam en autoweg richting Grevelingendam.

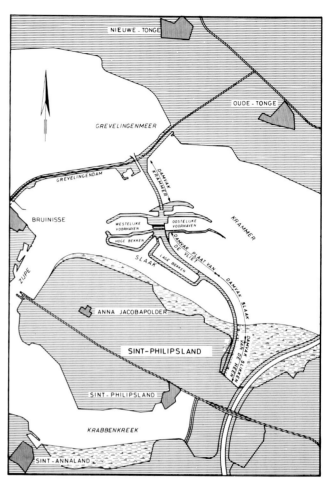

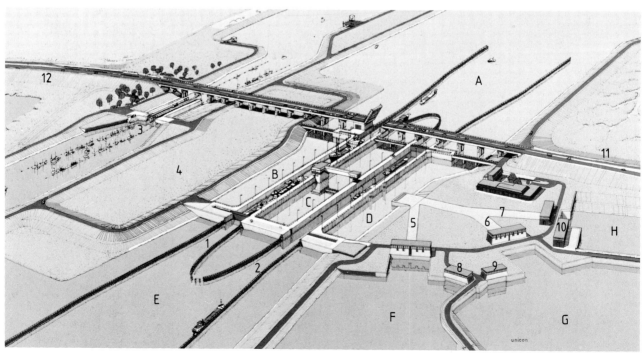

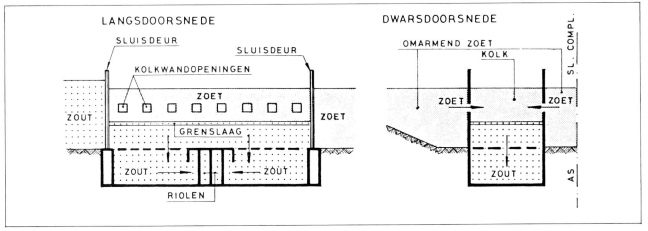

LANGSDOORSNEDE

- SLUISDEUR
- SLUISDEUR
- KOLKWANDOPENINGEN
- ZOUT
- ZOUT
- ZOET
- ZOET
- GRENSLAAG
- ZOUT
- ZOUT
- RIOLEN

DWARSDOORSNEDE

- OMARMEND ZOET
- KOLK
- SL. COMPL.
- ZOET
- ZOET
- ZOUT
- AS

In de Krammersluizen wordt het zoute water gescheiden van het zoete water volgens een systeem uit de Kreekraksluizen (1974). Zout water heeft de eigenschap te zinken bij vermenging met zoet water; het zoete water 'drijft' dan als het ware op het zoute water. In de schutsluizen is een dubbele bodem waarvan de bovenste is voorzien van gaten. Het zoute water kan hierdoor worden weggepompt. Via de openingen in de sluiswanden (kolkwandopeningen) stroomt dan zoetwater uit de 'omarmingen' (zie ook B, C en D, tekening pagina 112, onder). Op de foto's de situatie enkele weken voor het sluizencomplex in het voorjaar van 1983 werd geïnundeerd. Onder de binnenzijde van de sluis, rechts de buitenkant en het nog droogliggende omarmende zoet.

den wel erg groot, maar toch. Het loont de moeite om sluizen tussen zout en zoet water van geavanceerde technieken te voorzien die het zoute water scheiden van het zoete.

HET GEHEIM VAN HET SCHEIDEN zit in het feit dat zout water zwaarder is dan zoet water: het zoute water bevindt zich daarom altijd onder, het zoete water drijft er als het ware bovenop. In het Schelde-Rijn-kanaal kwamen in 1974 bij Zuid-Beveland – voor een groot deel op kosten van België – de Kreekraksluizen gereed. Omdat men er toen nog vanuit ging dat de Oosterschelde ooit zoet zou worden, werden deze sluizen voorzien van een dubbele bodem en geperforeerde wanden. Door de bodem kan eventueel zout water worden weggepompt terwijl door de wanden zoet water kan worden toegevoerd. En omgekeerd. Deze methode – bekend als het 'kreekrak-systeem' – wordt ook toegepast bij het sluizencomplex in de Philipsdam.

Schematisch overzicht van het schutten in de Krammersluizen. Links de situatie bij hoogwater in het Zijpe (Oosterschelde); het Volkerak is getijloos. In de rechterkolom de situatie bij laagwater in het Zijpe. Zie ook de twee voorgaande pagina's.
Pagina hiernaast: het Zoommeer en

Markiezaatsmeer in wording (13 maart 1982).
De foto is genomen boven het Schelde-Rijn-kanaal richting Zuid-Beveland.
Links de Markiezaatskade, in 1981 aangelegd, nu net weer doorgebroken na een hevige storm. In het midden de Kreekraksluizen en rechts het begin van de Oesterdam en het Bathse Spuikanaal.

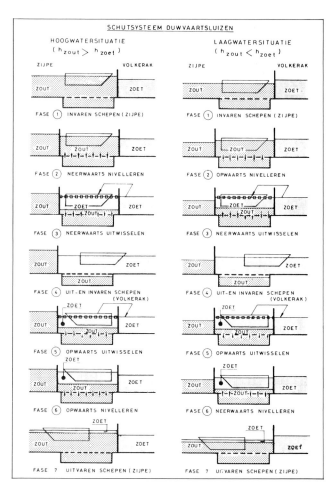

DOOR DE AANLEG van de twee dammen ontstaan ten oosten ervan zoetwaterbekkens die met elkaar verbonden zijn door het Schelde-Rijn-kanaal. Zo vormen ze samen een groot meer, het Zoommeer, dat kan worden onderscheiden in een noordelijk Zoommeer (Krammer en Volkerak) en een zuidelijk Zoommeer.

In het zuidelijke Zoommeer wordt een extra scheiding aangebracht waardoor oostelijk ervan nog een meer ontstaat: het Markiezaatsmeer. Dat meer ontstaat door vanaf de al langer bestaande Kreekraksluizen een kade aan te leggen richting Bergen op Zoom. Deze scheiding – de Markiezaatskade – vergemakkelijkt niet alleen de aanleg van de Oesterdam door de stromingen te verminderen, maar maakt het ook mogelijk het nieuwe Markiezaatsmeer gescheiden te houden van de scheepvaart. Een onafhankelijk beheer van de zoetwaterhuishouding in het Markiezaatsmeer is dan mogelijk, terwijl ook de recreatie meer kansen kan krijgen.

Het gehele Zoommeer (noordelijk en zuidelijk gedeelte) heeft in het noorden een inlaat: de al aanwezige Volkeraksluis. Om het hele meer kwalitatief goed te beheersen en zeker voor de ontzilting in de beginperiode, is een doorstroming nodig van noord naar zuid met een afvoer in de Ooster- of Westerschelde. De Oosterschelde komt voor lozing van zoetwater niet in aanmerking, omdat het zoutgehalte op niveau moet blijven. Vandaar een spuisluis bij Bath aan de Westerschelde.

Spuien via het Schelde-Rijn-kanaal is niet gunstig; parallel aan het kanaal wordt daarom het 'Bath Spuikanaal' gegraven dat met een knik afbuigt naar de Westerschelde. Omdat dit gebied van Zuid-Beveland van groot belang is in het oost-west verkeer (per spoor, weg, pijpleiding en kabel), moeten er voor dit kanaal ingrijpende infrastructurele werken worden gebouwd: bruggen en onderdoorgangen.

Als de compartimentering is voltooid, kan ook de waterhuishouding in het oostelijke deltagebied beter worden gestuurd. De verwachtingen ten aanzien van waterkwaliteit, onderwaterfauna en oevervegetatie zijn hoog gespannen.

Situatie van de Oesterdam (links) en de Markiezaatskade (rechts). Linksboven de Bergsche Diepsluis.

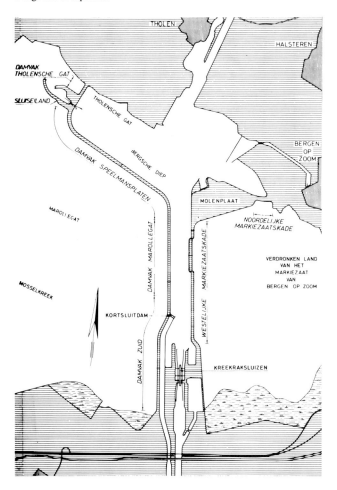

ENGLISH   DEUTSCH

COMPARTMENTING

THE OOSTERSCHELDE OPEN ... That might have been decided in the mid seventies, it does bring extra problems. A salty Oosterschelde provides danger for the fresh water, while the treaty with Belgium ratified in 1963 requires a Schelde-Rijn connection that is free of tides. It is therefore still necessary to partition the Oosterschelde into a salt and fresh part. This partitioning is called 'compartmenting'. In 1975 the following plans were decided on (p. 113):
- a closing of the Volkerak at the Krammer by a dam with locks (the Philips dam);
- the closing of the eastern Oosterschelde by a dam with a lock between Tholen and Zuid-Beveland (the Oester dam).

BEHIND THE DAMS new fresh water basins develop. When locking ships through from the remaining salty Oosterschelde to the fresh water lakes, salt water unavoidably enters the lock. That has to be drained before the lock gate can open to let the ships out. The secret to the separation is in the fact that salt water is heavier than fresh water; the salt water is therefore always beneath, the fresh water floats as it were on top of it. At the Philips dam (p. 114) the locks are provided with a double bottom and perforated side walls. Through the bottom the salt water can be pumped out while fresh water is added through the side walls. And vice versa. This method was first applied to the Kreekrak locks (p. 117).

THE CONSTRUCTION of the two dams create to the east the northern Zoomlake (Krammer and Volkerak) and the southern Zoom lake. In the southern Zoom lake an extra partition is placed so that another lake developes east of it: the Markiezaat lake. The Zoom lake has another northern inlet; the already existing Volkerak sluice. In order to have good control of the whole lake a passage is necessary from north to south: this happens by way of the new to be built Spui canal at Bath in the Westerschelde.

EINTEILUNG

EINE OFFENE OOSTERSCHELDE ... Das mag zwar Mitte der siebziger Jahre in dieser Form beschlossen sein, es brachte wohl zusätzliche Probleme mit sich. Eine salzig bleibende Oosterschelde stellt Gefahren für das Süßwasser dar, während der 1963 mit Belgien geschlossene Vertrag eine Schelde-Rijn-Verbindung vorschreibt, die gezeitenfrei ist. Es wird darum unumgänglich, die Oosterschelde doch noch in einen Salzwasser- und Süßwasserabschnitt einzuteilen. Diese Einteilung nennt man 'Compartimentierung'. 1975 wurde die Ausführung folgender Pläne beschlossen (S. 113):
- eine Absperrung des Volkerak bei der Krammer durch einen Damm mit Kammerschleusen (der Philipsdamm);
- die Absperrung der östlichen Oosterschelde mit Hilfe eines Dammes mit Kammerschleuse zwischen Tholen und Zuid-Beveland (der Oesterdamm).

HINTER DEN DÄMMEN entstehen neue Süßwasserbecken. Beim Durchschleusen der Schiffe aus der salzig bleibenden Oosterschelde in die Süßwasserseeen gelangt unvermeidlich Salzwasser in die Schleuse. Dieses muß wieder abgeleitet werden, bevor die Schleuse erneut zur Ausfahrt der Schiffe geöffnet wird. Das Geheimnis der Trennung liegt in der Tatsache verborgen, daß Salzwasser schwerer ist als Süßwasser: Das Salzwasser befindet sich darum immer unten, das Süßwasser treibt sozusagen an der Oberfläche. Beim Philipsdamm (S. 114) werden die Schleusen mit einem doppelten Boden und perforierten Wänden versehen. Durch den Boden kann Salzwasser eventuell weggepumpt werden, während durch die Wände Süßwasser zugeführt werden kann, und umgekehrt. Diese Methode wurde zuerst bei den Kreekrak-Schleusen (S. 117) verwendet.

DURCH DEN BAU der beiden Dämme entsteht in östlicher Richtung das nördliche Zoommeer (Krammer und Volkerak) und das südliche Zoommeer. Im südlichen Zoommeer wird eine zusatzliche Trennung angebracht, sodaß in östlicher Richtung noch ein Meer entsteht: das Markiezaatsmeer. Das Zoommeer hat im Norden einen Einlaß: die bereits vorhandene Volkerakschleuse. Um das ganze Meer qualitativ gut zu beherrschen, ist eine Durchströmung von Norden nach Süden erforderlich: dieses geschieht über den neu anzulegenden Spuikanal bei bath in der Westerschelde.

Overige werken

DE GROTE DELTAWERKEN in Zuid-Holland en Zeeland trekken altijd de meeste aandacht. Terecht. Ze zijn spectaculair en spreken tot de verbeelding. Slechts weinigen beseffen daardoor dat er langs de gehele Nederlandse kust is gewerkt aan Deltawerken.

Nu geven benamingen als 'Deltawet' en 'Deltawerken' aanleiding tot misverstand. Onder 'Delta' immers, wordt het gebied verstaan waar de grote rivieren in zee uitmonden: zuidwest Nederland. Toch schrijft de wet zelf dat de aanduiding 'Deltawet' officieel is toegestaan; als toelichting schreven de ministers: 'Ofschoon krachtens deze wet ook werken zullen worden uitgevoerd, welke ver buiten het eigenlijke deltagebied vallen, meenden ondergetekenden toch de naam 'Deltawet' als tekenend en kernachtig te mogen verkiezen.'

Tekenend en kernachtig mag de omschrijving Delta wel genoemd worden. En een beetje verwarrend.

Voorgaande pagina's: Tussen Schouwen Duiveland en Noord-Beveland, ongeveer ter hoogte van Zierikzee en Colijnsplaat, ligt over de Oosterschelde de Zeelandbrug. De brug is geen onderdeel van de Deltawerken maar werd door een speciaal daarvoor opgerichte onderneming – de NV Provinciale Zeeuwse Brugmaatschappij – gebouwd en geëxploiteerd. Om die bouw mogelijk te maken wordt er voor deze brug tol geheven.

Toch is de Zeelandbrug moeilijk los te zien van de Deltawerken. Een van de belangrijke gevolgen van de uitvoering van het Deltaplan is de aanleg van een wegenstelsel over de nieuwe dammen dat het isolement van veel Zeeuwse eilanden opheft. Alleen de Oosterschelde bleef een verkeersobstakel dat pas – volgens de aanvankelijke plannen – in 1978 door een verkeersweg over de dam gekruist kon worden. Om al voor die tijd tot een zoveel mogelijk ongestoorde noord-zuid-verbinding te komen, werd in het begin van de jaren zestig het initiatief genomen tot de bouw van een brug over de Oosterschelde.

Gekozen is voor een brug op pijlers die zonder bouwputten te plaatsen zijn. In totaal heeft de brug - met een lengte van 5022 meter – 54 pijlers met daartussen 52 geprefabriceerde overspanningen en een klapbrug van 40 meter lengte. Iedere pijler staat op drie holle palen die ruim 20 meter diep in de zandgrond zijn geslagen. Op die drie palen is ter hoogte van de waterspiegel een 6 meter hoog betonnen verbindingsstuk geplaatst waarop dan de 9 meter hoge 'poten' van de pijler staan. De overspanningen – die als bovenbouw op de pijlers liggen – zijn uit verschillende betonnen elementen samengesteld die met behulp van een speciale montagebrug aan elkaar werden gemonteerd. Elke overspanning meet 95 meter; het wegdek bevindt zich op een hoogte van 17 meter boven NAP. De brug is eind 1965 in gebruik genomen.

NA DE WATERSNOODRAMP van '53 vonden velen dat niet alleen Zeeland en Zuid-Holland, maar heel Nederland tegen een 'hyperstorm' moest worden beveiligd. Al stond gauw vast, dat de grootste problemen zich inderdaad in het zuidwesten van het land voordeden. Daar zouden grote werken nodig zijn. In het kustgebied ten noorden van Hoek van Holland kon in de meeste gevallen worden volstaan met het versterken van bestaande zeeweringen.

Er was een uitzondering: de Lauwerszee, een brede inham van de Waddenzee op het grensgebied van de provincies Groningen en Friesland. Al ten tijde van de Romeinen moet de zee zich daar in een gebied met laagveen hebben ingevreten en door vele overstromingen was de inham in de tiende en elfde eeuw al zo diep landinwaarts gekomen, dat een deel van Achtkarspelen en Westerkwartier was bereikt. Sindsdien heeft men – met wisselend succes – de zeearm weer wat terug weten te dringen en rond 1875 werd nog een gebied nabij Zoutkamp en Vierhuizen ingepolderd en werd de Reitdiep met een afwateringssluis afgesloten.

Na die tijd zijn er nog heel wat plannen gemaakt om de Lauwerszee in zijn geheel van de Waddenzee af te sluiten. Daarvoor had men telkens verschillende oogmerken; soms dacht men dat te moeten doen om een betere regeling van de waterhuishouding in het achterland te krijgen, dan weer dacht men aan werkverschaffing of aan landwinst door inpolderingen.

Pas de watersnoodramp van 1953 deed beseffen dat er direct gevaar was aan de te lage dijken rondom de Lauwerszee. Het werd niet denkbeeldig geacht dat bij een hyperstorm driekwart van de provincies Friesland en Groningen onder water zou lopen, waarbij zelfs steden als Leeuwarden, Sneek, Heerenveen, Groningen en Delfzijl met wateroverlast te maken kregen.

De beveiliging van de Lauwerszee kreeg daarom hoge prioriteit. Ook hier is overwogen de ruim 31 kilometer lange dijk rondom de inham op te hogen, maar zelfs een kosten-batenanalyse – een afweging van kosten tegenover mogelijke opbrengsten – wees uit, dat afsluiten beter was: afsluiting werd geraamd op 80 miljoen gulden terwijl dijkverhoging weliswaar slechts zo'n 50 miljoen kostte, maar daarbij kwam het duurdere, jaarlijks terugkerende onderhoud en het uitblijvende voordeel van landaanwinst dat met afsluiting kon worden verkregen.

Na het regeringsbesluit, in 1960, om tot afdamming over te gaan, werd het jaar daarop met de werkzaamheden begonnen.

DE AFSLUITING VAN DE LAUWERSZEE was nog een respectabel project, compleet met nieuwe caissons die een flink stroomgat van 900 meter dienden af te sluiten. De 25 caissons (33 × 15 × 12 m) waren voor-

Een minder spectaculair onderdeel van de Deltawet is het op 'deltahoogte' brengen van alle zeeweringen in Nederland opdat ook zij een 'hyperstorm' kunnen weerstaan. Op de volgende pagina een overzicht van de dijken die zijn verhoogd.

Maar het zijn niet alleen dijken: ook bijvoorbeeld de kadewanden van havens. Zo werd in Harlingen de kade van de Willemshaven verhoogd waarover de trein rijdt die aansluit op de veerboten naar Vlieland en Terschelling.

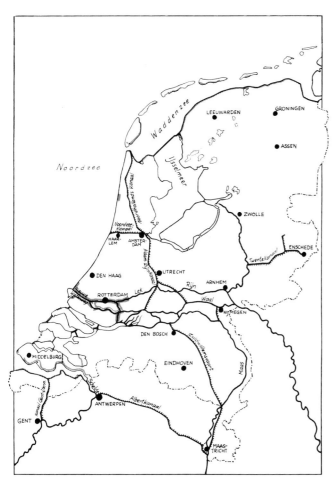

zien van een nieuw soort klep die na het neervallen het water weliswaar afsluit, maar de mogelijkheid had om bij hogere waterstanden het water door te laten. Dat voorkwam al te grote spanningen op de (voorlopige) constructie.

Daarnaast kennen de Deltawerken heel wat kleinere projecten. Ophogen van dijken, maar ook aanpassen van stuwen, sluizen en gemalen, en zelfs moesten op veel plaatsen havens, rivieren en kanalen aan de nieuwe situatie worden aangepast.

Door de bouw van al die kunstwerken is met name in het zuidwesten van Nederland een gebied ontstaan waarin de waterhuishouding goed is te regelen, met een hoofdrol voor de sluizen in het Haringvliet. Dat schept meer mogelijkheden, ook landinwaarts, waardoor men daar met stuwen de hoeveelheid zoet water over heel midden Nederland kan sturen. Het kan vergeleken worden met de verkeersleiding van vliegtuigen, die vanuit een centrale post keurig worden gestuurd, zij het dat de plaats van de vliegtuigen is ingenomen door rivierwater.

Links: een overzicht van de zeeweringen die op 'deltahoogte' zijn gebracht.

Onder: de verhoogde dijk in het dorp Oost-Vlieland op het eiland Vlieland.

HET IS DEZE CONTROLE en beheersing die de taak zal zijn van de waterstaatkundigen in de komende jaren. Een belangrijk onderdeel daarvan is het in de gaten houden van de veranderingen die zich nu langs de kust gaan voltrekken. Want hoeveel onderzoek men ook toepast bij het ontwerpen van grote waterstaatkundige werken, echt voorspellen welke veranderingen zich daardoor gaan voordoen, kan men niet. Zo is allerminst zeker hoe de duinenrij zich ontwikkelt rond de Deltawerken. Dat er veranderingen optreden staat vast, maar de precieze vorm is onzeker. Evenmin weet men wat de exacte gevolgen zijn voor het milieu bij een stormvloedkering in de Oosterschelde. Vandaar dat onverwachte ontwikkelingen niet zijn uitgesloten. Zo dachten velen, dat door het afsluiten van de Grevelingen een wat modderig meer zou ontstaan. Het is een rijk natuurgebied geworden waar zelfs – verbazing alom – de oester welig groeit.

Of neem de Oude Maas. Een snel verzandende rivier tussen Europoort en Dordrecht, – en dat werd vooral in Dordrecht zeer betreurd. De toegangsweg van de Dordtse haven naar zee werd er niet beter op, en na de afsluiting van het Haringvliet werd zelfs het ergste gevreesd. Weliswaar waren er afspraken gemaakt over mogelijk uitbaggeren, maar daar is het nooit van gekomen. Deskundigen genoeg die zeiden dat dit onbegonnen werk was: tegen het aanslibben viel niet

Hoewel in Katwijk de zeeweringen zelf voldoende waren, bleek daar toch een zwakke schakel te zijn in de oude uitwateringssluis die het water uit het hoogheemraadschap Rijnland in de Noordzee loost. Vandaar dat een nieuwe, hogere sluis noodzakelijk werd geacht. Op 14 maart 1984 werd deze officieel in gebruik genomen. Kosten: f 33,5 miljoen.

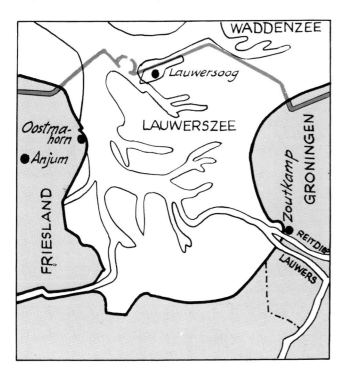

De Deltacommissie koos voor het verbeteren van de zeeweringen in het noorden van het land in het algemeen voor dijkverhogingen, maar een uitzondering werd gemaakt voor de Lauwerszee. Deze inham van de Waddenzee tussen Friesland en Groningen is al eeuwenlang een zorgenkind, zozeer dat in de vorige eeuw plannen werden gemaakt de Lauwerszee van de Waddenzee af te sluiten. Deze plannen werden niet uitgevoerd, wat niet wegnam dat ook in de twintigste eeuw nog menig waterstaatkundige zo'n plan maakte. De gevolgen die de storm van 1953 voor het zuidwesten van Nederland had, deden inzien hoe kritiek de situatie rond de Lauwerszee was: een dijkdoorbraak bij een stormvloed zou vrijwel geheel Friesland en Groningen doen onderlopen, van het IJsselmeer tot aan de Dollard. In 1956 kwam de Dienst van de Lauwerszeewerken met een plan tot afsluiting van de inham. 31 kilometer kust zou daardoor worden teruggebracht tot 13 kilometer. In de aan te leggen afsluitdijk werden een schutsluis en uitwateringssluizen geprojecteerd (zie ook pagina 126). In 1960 ging de regering met deze plannen akkoord.

In 1968 kwamen in de afsluitdam van de Lauwerszee de uitwateringssluizen gereed. Hiervoor is in 1962 een werkeiland gemaakt, Lauwersoog, waarop zowel de werkzaamheden voor deze sluizen als voor de caissons en de schutsluis werden verricht. Het werkeiland kreeg later een definitief karakter doordat het, iets gewijzigd, in het midden van de dam is opgenomen: de haven Lauwersoog. De afsluitdam zelf is in fases aangelegd waarbij het laatste sluitgat (ten oosten van Lauwersoog) over een lengte van 900 meter met 25 doorlaatcaissons is afgesloten. Op de foto de uitwateringssluizen. Het zijn drie spuisluizen die de waterstand in het achterland regelen. De sluisdeuren van elke sluis zijn dicht tegen elkaar geplaatst waardoor de sluis zelf minder lang werd; dit maakte het mogelijk elke sluis in een eigen behuizing onder te brengen (bij de IJsselmeerse Afsluitdijk bijvoorbeeld heeft elke sluisdeur een eigen behuizing). Op pagina 129 het interieur van de sluisgebouwen die ontworpen zijn door de Dienst Zuiderzee Werken; de architectonische vormgeving is van architect K. F. G. Spruit die ook – samen met zijn collega H. M. de Jong – het nabij gelegen Centraal Dienstgebouw ontwierp.

op te baggeren. Wie schetst de verrassing, toen in mei 1984 een schip met maar liefst 9,5 meter diepgang de Dordtse haven bereikte. De stromingen in dit gebied hebben zich toch anders gedragen en de Oude Maas heeft zichzelf in de loop van jaren uitgediept. Rijkswaterstaat heeft voorlopig zijn handen nog vol aan het bestuderen, analyseren en beheren van zuid-west Nederland.

AL BLIJFT HET DE VRAAG, of die waterstaatkundigen daaraan voldoende hebben. Lichting na lichting heeft zich deze eeuw met grote werken beziggehouden: de afsluiting van de Zuiderzee, het inpolderen van het IJsselmeer, het dichten van Walcheren, het terugdringen van de zee na de watersnoodramp en daarna nog gecompliceerder Deltawerken.

In de jaren vijftig werden er nog plannen gemaakt voor het afsluiten van de Waddenzee, en in het IJsselmeer ligt nog de Markerwaard die ingepolderd kan worden. Zo dac.t Waterstaat de eeuw wel door te komen.

De bouw van de Haringvliet-sluizen maakte het mogelijk de waterhuishouding in het midden van Nederland voortaan beter te sturen. In de Neder-Rijn en de Lek werden drie sluis- en stuwcomplexen gebouwd: bij Hagestein (1958), Maurik (1966) en Driel (1970). De laatste, het meest oostelijk gelegen, zorgt er in gesloten toestand voor dat het rivierwater wordt afgebogen naar de IJssel, en daarmee naar het zoetwaterreservoir IJsselmeer.

De drie sluizen – bijna alle hetzelfde ontwerp – hebben elk tussen drie pijlers twee betonnen 'vizierschuiven', half ronde, beweegbare grendels. Naast de stuwen bevindt zich bij elk van de bouwwerken een schutsluis. Op de foto's de stuw bij Hagestein, onder in gesloten toestand, boven geopend.

Al in 1667 kwam Hendric Stevin (1614-1670) met het idee de zeegaten tussen enkele Waddeneilanden af te sluiten en te verbinden met het vaste land (zie ook illustratie pagina 16).

Dat was toen nog science fiction al bleef het idee zelf intrigeren. Vooral in de vorige eeuw zijn veel plannen ontworpen om zowel Zuiderzee als Waddenzee van de Noordzee af te sluiten. Alleen het afsluiten van de Zuiderzee is als plan geaccepteerd en uitgevoerd. Na 1953 is echter weer serieus nagedacht over een 'Waddenplan'. De Memorie van Toelichting op de -Deltawet schrijft hier in 1956 nog over: 'De vraag kan rijzen of de aanpassing van de hoogwaterkering in het noorden van het land bereikt zou kunnen worden door versterking van de waterkering op de Waddeneilanden en het afsluiten van zeegaten tussen die eilanden in plaats van door verhoging van de bestaande keringen. Met het oog op de veiligheid

is een dergelijk plan thans echter niet noodzakelijk, terwijl daarvoor nog zeer uitvoerige en langdurige studie en onderzoek zijn vereist. Het zou trouwens met het oog op de gehele economie van Nederland niet verantwoord, en met het oog op het beschikbare personeel en materieel niet mogelijk zijn om gelijktijdig met de Zuiderzee-inpolderingen en het Deltaplan bovendien nog een 'waddenplan' tot uitvoering te brengen, dat veel omvangrijker en kostbaarder zou zijn dan de aanpassing van de bestaande hoogwaterkeringen.'

Toch werden in de jaren vijftig heel wat tekeningen gepubliceerd van een mogelijk Waddenplan, zoals hieronder, een illustratie uit de 'nationale uitgave' 'De Dijken' die in 1954 verscheen onder supervisie van A. G. Maris, directeur-generaal van Rijkswaterstaat en tevens voorzitter van de Deltacommissie.

Maar de tijden veranderen: de Waddenzee wordt hoog gewaardeerd als natuurgebied en voor het inpolderen van de Markerwaard krijg je ook niet meer alle handen op elkaar. Vandaar dat velen hun hoop maar hebben gevestigd op de export van de nieuwe kennis naar het buitenland.

Goed, in eigen land hebben we nog de uitbreiding van de Rotterdamse haven in de Noordzee. En zelfs de gedachten aan een industrie-eiland voor de kust; de plannen voor een windmolenpark dat zijn energie opslaat in een stuwmeer. Grote projecten zijn er genoeg te verzinnen. Of de politieke wil er voor is te vinden, is twijfelachtig. Zeker na de grote kostenoverschrijdingen die zich bij de Oosterschelde hebben voorgedaan. Of er moet natuurlijk weer een ramp gebeuren. Een echte energiecrisis. Of een onstuitbare verzilting van de rivierwateren. Of een waarlijk toenemende vergiftiging door industrieën. Dan zijn we weer terug bij af. Dat wel, ja.

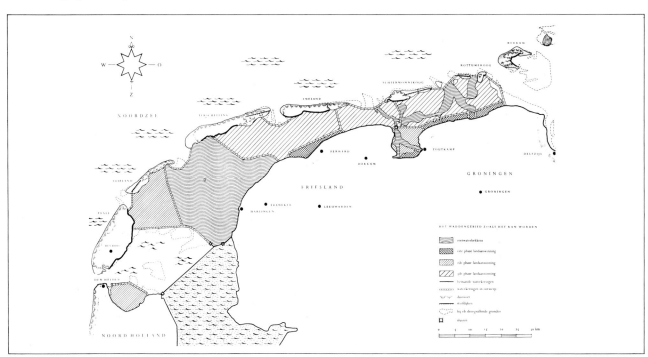

ENGLISH

DEUTSCH

Interior of the sluices in the dike of the Lauwers Sea. This inlet of the sea was closed off with a dam in the framework of the Delta project.

Innenausstattung der Schleusen im Sperrdeich der Lauwerszee. Diese Meeresbucht ist im Rahmen der Delta-Werke mit einem Damm abgeschlossen worden.

OTHER PROJECTS

THE LARGE DELTA PROJECTS in South-Holland and Zeeland always draw the most attention. And rightly so. They are spectacular and strike the imagination. Therefore only a few people realize that the Delta Projects are worked on along the entire Dutch coast. After the water disaster in 1953 many were of the opinion that not only Zeeland and South-Holland, but all of Holland had to be protected from a 'hyper storm'. It was quickly determined that the largest problems were located in the southwest of the country. The large projects were needed. In the coast area north of Hoek van Holland it was sufficient in most cases to fortify the existing sea defences (p. 123, 124). There was an exception: the Lauwers Sea, a wide bay of the Wadden Sea at the boundary of the provinces Groningen and Friesland (p. 125, 126). It was not considered imaginary that in case of a hyper storm, three-quarters of the provinces Friesland and Groningen would be flooded, whereby even cities such as Leeuwarden, Sneek, Heerenveen, Groningen and Delfzijl would be involved with a water nuisance. The protection from the Lauwers Sea therefore received high priority. The closing itself was still a respectable project, complete with new caissons which needed to close off a good sized current passage of 900 m. The 25 caissons (33 × 15 × 12 m) were provided with a new kind of valve that shut out the water after it had been lowered, but it had the potential to let water through in case of higher water levels. This prevented high tension on the (tentative) construction.

THE CONSTRUCTION of dams and sluices developed an area, particularly in the southwest of Holland, where the domestic water can be well regulated, with a main role for the sluices in the Haringvliet. That creates more possibilities, also inland, where with barrages (p. 127) one can direct the quantity of fresh water all over middle Holland. It can be compared to the traffic control of airplanes, which are well directed from a central station, be it that in place of the airplanes is river water.

ÜBRIGE PROJEKTE

DIE GROSSEN DELTA-WERKE in Zuid-Holland und Zeeland ziehen naturgemäß die meiste Aufmerksamkeit auf sich. Mit Recht. Sie sind spektakulär und regen die Phantasie an. Nur wenigen wird dadurch bewußt, daß entlang der ganzen niederländischen Küste an Deltawerken gearbeitet wurde. Nach der Überschwemmungskatastrophe von '53 fanden viele, daß nicht nur Zeeland und Zuid-Holland, sondern die gesamten Niederlande gegen einen 'Hypersturm' abgesichert werden mußen. Schon bald stand es fest, daß die größten Probleme sich in der Tat im Südwesten des Landes zeigten. Dort würden große Werke eine Notwendigkeit sein. Im Küstengebiet nördlich von Hoek van Holland genügte in den meisten Fällen eine Verstärkung der vorhandenen Seedeiche (S. 123, 124). Mit einer Ausnahme: der Lauwerszee, einer weiten Einbuchtung des Wattenmeeres auf dem Grenzgebiet der Provinzen Groningen und Friesland (S. 125, 126). Es wurde nicht von der Hand gewiesen, daß bei einem Hypersturm Dreiviertel der Provinzen Friesland und Groningen überschwemmt werden würde, wobei selbst Städte wie Leeuwarden, Sneek, Heerenveen, Groningen und Delfzijl vom Hochwasser bedroht würden. Die Absicherung der Lauwerszee erhielt darum hohe Priorität. Die Absperrung selbst war immerhin noch ein respektables Projekt, komplett mit neuen caissons, die eine stattliche Stromöffnung von 900 m abschließen mußten. Die 25 caissons (33 × 15 × 12 m) waren mit einem neuartigen Klappensystem ausgerüstet, das nach ihrer Aufstellung das Wasser zwar absperrte, jedoch die Möglichkeit hatte, dieses bei höherem Wasserstand wieder durchzulassen. Dieses verhinderte, daß allzu große Spannungskräfte auf die (vorläufige) Konstruktion einwirkten.

DURCH DEN BAU von Dämmen und Schleusen ist hauptsächlich im Südwesten der Niederlande ein Gebiet entstanden, in dem die Wasserhaushaltung gut zu regeln ist mit einer Hauptaufgabe für die Schleusen im Haringvliet. Dadurch werden weitere Möglichkeiten geschaffen, auch landeinwärts, wodurch man dort mit Stauanlagen (S. 127) die Süßwassermenge über die ganzen mittleren Niederlande steuern kann. Dieses ist mit der Verkehrsleitung von Flugzeugen zu vergleichen, die von einer Zentralstelle tadellos gesteuert werden, auch wenn hier an die Stelle der Flugzeuge das Flußwasser tritt.

Zo eindigt Willy Vandersteen
zijn 197ste stripverhaal van
Suske en Wiske: 'Het Delta
Duel' (Uitgeverij De
Standaard, Antwerpen, 1984).

Aanhangsel

DE DELTAWERKEN NADEREN NU ONGE-
STOORD HUN VOL-
TOOIING. EEN GROOT
VOLK VAN EEN KLEIN
LAND OVERWINT DE
NATUURELEMENTEN.

EINDE

COLOFON

Research voor het
tekstgedeelte:
Lied van der Loo
Fotoresearch:
Harrie van der Meulen

HERKOMST VAN DE
ILLUSTRATIES

De satellietfoto op de
voorpagina en op de
pagina's 82–83 is ter
beschikking gesteld
door het Nationaal
Lucht- en Ruimtevaart-
laboratorium,
Amsterdam;

de kaart op pagina 32
was een bijlage bij het
boek 'De Ramp' dat in
februari door de
Vereeniging ter
Bevordering van de
Belangen des
Boekhandels te
Amsterdam werd
uitgegeven ten bate van
het Nationaal
Rampenfonds;

het tekenwerk is
– tenzij anders vermeld –
verricht door
Ben Horsthuis.

De herkomst van de
overige illustraties is
hieronder te vinden. De
cijfers verwijzen naar
pagina's, de letters
geven de plaats van de
illustratie op die
betreffende pagina aan:

boven (b), linksboven
(lb), links (l),
linksonder (lo), midden
(m), onder (o), rechts
(r), rechtsboven (rb) of
rechtsonder (ro).

Auteurs en uitgever
hebben getracht de
herkomst en
reproductierechten van
alle afgebeelde
illustraties te
achterhalen.
Onverhoopte
nalatigheden zullen
worden hersteld.

Algemeen Nederlands
 Persbureau,
 Amsterdam: 36(o),
 44, 45, 58(o), 62, 66,
 68, 71, 92, 125(b);
Archief Architext,
 Haarlem: 13(b), 28;
Archiphoto (copyright:
 Architext-Haarlem):
 14(lo), 57, 59, 84, 85,
 93, 115(m en o) 119;
Atlas Christiaan
 Sgroten, Brussel: 29;
Atlas van Stolk,
 Rotterdam: 8–9, 12;
Carel Blazer,
 Amsterdam: 17,
 127(b);
Jack van Bodegom,
 Spijkenisse: 102(r);
Bart Hofmeester/Aero-
 camera, Rotterdam:
 23, 32, 38, 87(m),
 88(b), 89, 91, 97,
 101(r); 117;
King Air, Bosschen-
 hoofd: 110–111;

René Kleingeld
 (Deltadienst voor
 Hydrobiologisch
 onderzoek, Yerseke):
 75;
KLM Aerocarto: 13(o),
 43;
KNMI, De Bilt: 34(2x),
 35(2x);
C. Noome (Zeeuws
 Coördinatieorgaan
 voor Natuur- en
 Landschaps-
 bescherming,
 Middelburg): 77(m);
H.J. van Oosten
 (Zeeuws Coördinatie-
 orgaan voor Natuur-
 en Landschaps-
 bescherming,
 Middelburg) 77(l), 81;
Particam Pictures,
 Amsterdam: 39, 40;
Wil Riemens,
 Middelburg: 10;
Rijkswaterstaat, Delta-
 dienst Zierikzee: 2,
 14(ro), 15, 30–31,
 36(b), 37, 41, 46–47,
 48, 49, 50, 52, 65,
 72–73, 77(r), 78, 80,
 86, 87(b en o), 88(o),
 90, 94(2x), 95,
 96(2x), 99, 100, 104,
 105(b en o), 108,
 109, 121, 124, 127(o);
Rijkswaterstaat,
 Hoofddirectie,
 's-Gravenhage: 19,
 58(b), 60–61;
Rijkswaterstaat, Studio,
 's-Gravenhage:
 101(l), 102(l),
 103(3x), 105(m),
 106(2x), 107, 114(2x),
 115(b), 116, 118,
 124(o);
Spruit, De Jong,

Heringa, architecten-
 bureau te Haarlem:
 126, 129;
De Standaard, uitgever
 te Antwerpen (Suske
 en Wiske en het
 Deltaduel, 1984):
 130–131;
Stevens en Machielsen,
 Amsterdam: 6;
Han de Vries,
 Leeuwarden: 123.

LITERATUUR

13x Delta, dertien
 interviews over
 techniek, politiek,
 natuur en milieu.
 Uitgave van het
 Ministerie van
 Verkeer en
 Waterstaat, 1981;
Bekker, M.E. e.a.: Kust-
 en Oeverwerken,
 tweede druk, Stam
 Technische Boeken,
 Culemborg, 1974;
Commissie voor de
 Delta-zaken vanwege
 de Ned. Herv. Kerk:
 De betekenis van de
 Deltawerken voor de
 Ned. Hervormde
 Kerk en het kerkelijk
 leven in het
 betreffende gebied,
 Sociologisch Instituut
 van de Ned. Herv.
 Kerk, Utrecht, 1957;
Duursma, E.K. e.a.: De
 Nederlandse Delta,
 Natuur en Techniek,
 Maastricht, Brussel,
 1982;

De Ramp, een 'nationale uitgave' ten bate van het Nationaal Rampenfonds. Vereeniging ter Bevordering van de Belangen des Boekhandels, Amsterdam, 1953;

Graftdijk, Klaas: Paspoort voor de Delta, Shell Nederland Verkoopmaatschappij 's-Gravenhage, 1959;

Graftdijk, Klaas: Paspoort voor de Delta, vijfde druk, Wereldvenster, Baarn, 1963;

Hol, W.H.J.: Inleiding tot de Waterbouwkunde, Kosmos, Amsterdam, 1963;

Hooft, W.H.J. van der: Algemene Waterbouwkunde, deel 1, L.J. Veen's Uitgeversmaatschappij, Amsterdam, 1970;

Leemans, A.F. e.a.: Doorbraak in het Oosterscheldebeleid, Dick Coutinho, Muiderberg, 1983;

Lingsma, J.S.: Gids voor de Deltawerken, vierde druk, Nijgh & Van Ditmar, Rotterdam-'s-Gravenhage, 1969;

Maris, Ir. A.G. (supervisie): De Dijken, Bezige Bij, Amsterdam, 1954;

Memorie van Toelichting op de Deltawet, Staats- uitgeverij, Den Haag, 1956;

Metzelaar, W.: Nederland Deltaland, vijfde druk, Stam Technische Boeken, Culemborg, 1979;

Neerlands Volksleven, themanummer over de invloed van het Deltaplan op het volksleven, herfst 1961. Uitgave van het Nederlands Volkskundig Genootschap in Den Haag;

Rapport van de Commissie Oosterschelde, Staatsuitgeverij, Den Haag, 1974;

Schaap, Dick: Waterstaat van Zeeland, Moussault, Bussum, 1983;

Schaap, Dick: Het grootste Waterwerk, Moussault, Bussum, 1983;

Schaap, Dick: Een kering voor het milieu, Moussault, Bussum, 1983;

Stormvloedkering Oosterschelde, eindrapport, Rijkswaterstaat, 's-Gravenhage, 1976;

Stormvloedkering in de Oosterschelde, voor veiligheid en milieu. Uitgave van De Oosterschelde Stormvloedkering Bouwcombinatie (DOSBouw) en Voorlichting Verkeer en Waterstaat, 1984;

Stuvel, H.J.: Grendel van Holland, Co-op Nederland, Rotterdam, 1961;

Tesch, J.W. e.a.: De kleuren van zuidwest-Nederland. Uitgave van de Contact-Commissie voor Natuur- en Landschapsbescherming, Amsterdam, 1972.

REGISTER

Register op teksten en illustratiebijschriften. Een asterisk (*) verwijst naar een afbeelding op de genoemde pagina.